FiNALEonline.de

FiNALEonline.de ist die digitale Ergänzung zu deinem Arbeitsbuch. Hier findest du eine Vielzahl an Angeboten, die dich zusätzlich bei deiner Prüfungsvorbereitung in Deutsch unterstützen!

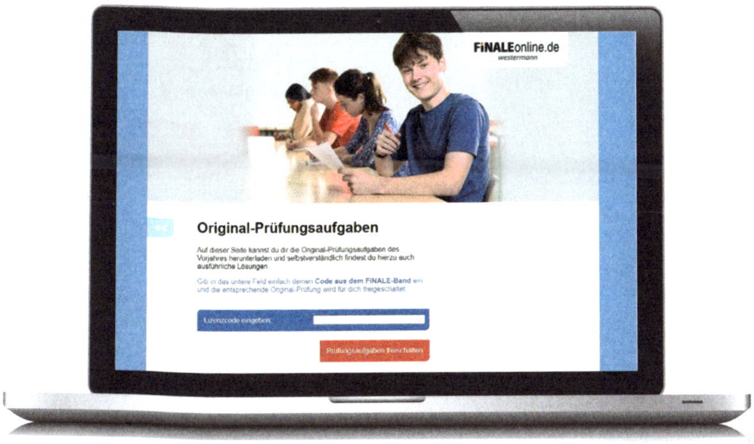

Das Plus für deine Prüfungsvorbereitung:

- das Extra-Training Rechtschreibung
- Original-Prüfungsaufgaben mit Lösungen (bitte Code von S. 4 eingeben)
- Tipps zur Prüfungsvorbereitung, die das Lernen erleichtern

W0213476

Online-Grundlagentraining

Du hast noch Lücken aus den vorherigen Schuljahren? Kein Problem! Das Online-Grundlagentraining auf FiNALEonline.de hilft dir dabei, wichtigen Lernstoff nachzuarbeiten und zu wiederholen.
Und so funktioniert es:

Für das Fach Deutsch stehen dir über 100 Aufgaben zu prüfungsrelevanten Grundlagen in kurzen Trainingseinheiten zur Verfügung.

Unser Tipp für Lehrerinnen und Lehrer:
Nutzen Sie unsere vielfältigen Arbeitsblätter auch für Ihren Unterricht.

Für Lehrerinnen und Lehrer:
Die Lehrerhandreichung für den optimalen Einsatz der Arbeitsbücher im Unterricht zum kostenlosen Download!

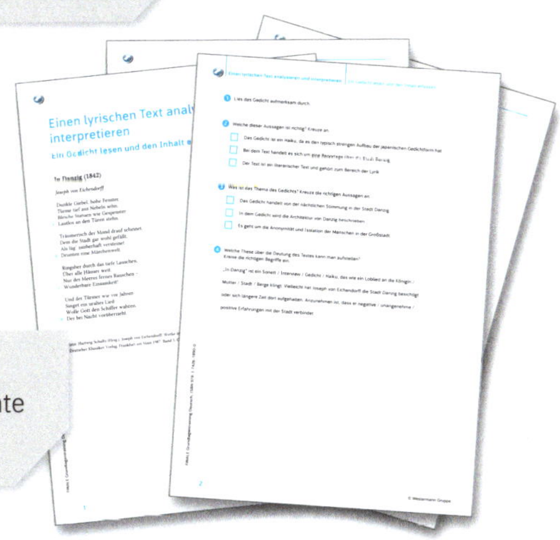

Du übst lieber auf Papier? Dann klicke auf „PDF" und drucke dir die gewünschte Trainingseinheit einfach aus.

Fotos: © Peter Wirtz, Dormagen

FiNALE Grundlagentraining Deutsch

Das FiNALE Grundlagentraining ist die ideale Ergänzung zu diesem Arbeitsbuch. Es bietet eine große Auswahl an Materialien, mit deren Hilfe du prüfungsrelevantes Grundlagenwissen auffrischen und aktiv trainieren kannst.

Folgende Inhalte werden in diesem Band behandelt:

- Überprüfung des Leseverstehens
- Analyse und Interpretation literarischer Texte
- argumentativer Umgang mit Sachthemen
- Arbeitstechniken und prüfungsrelevante Fachbegriffe
- grundlegendes Grammatikwissen
- die wichtigsten Operatoren im Fach Deutsch

Zu jeder Trainingseinheit gibt es anschauliche Lösungen.

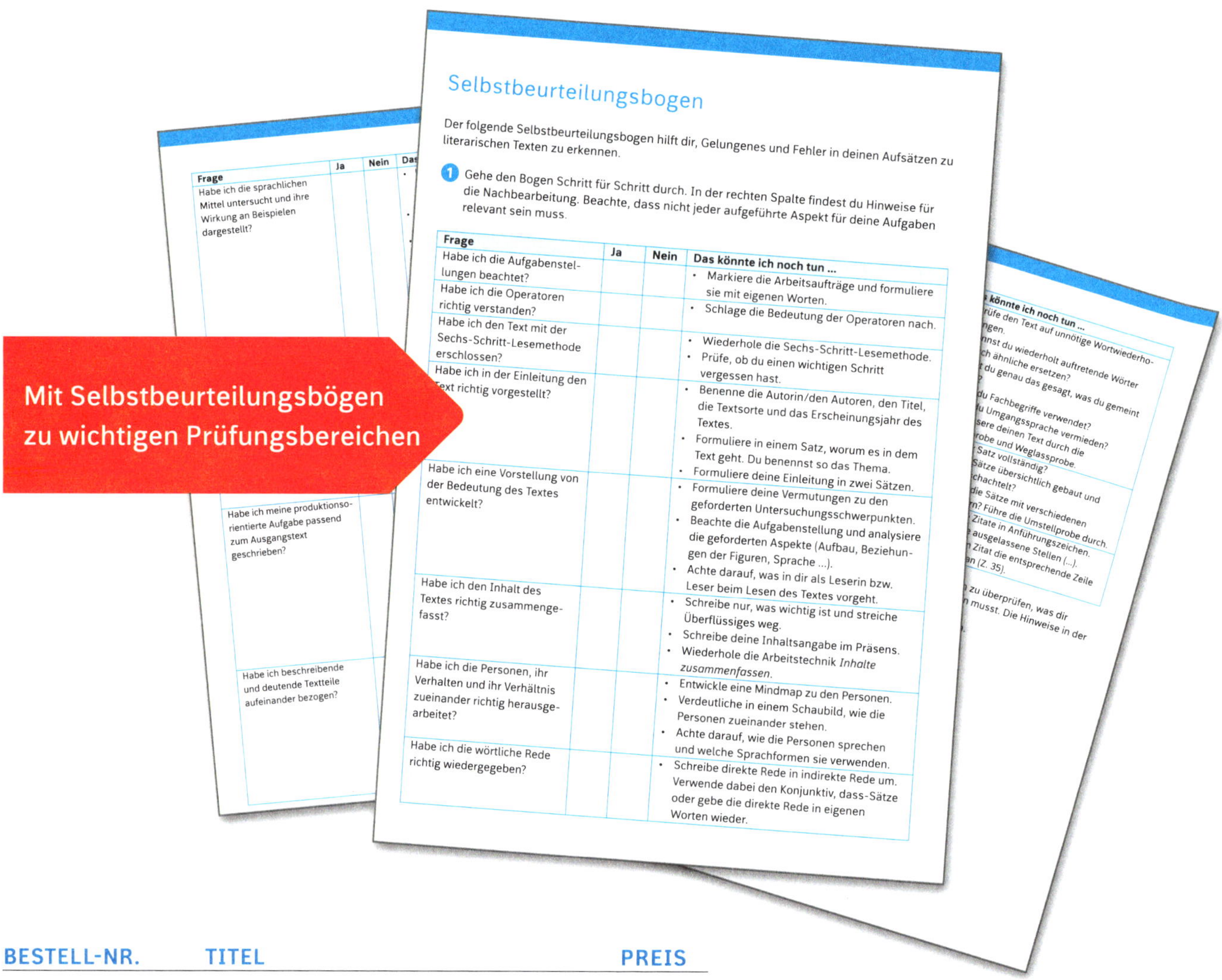

BESTELL-NR.	TITEL	PREIS
978-3-7426-1890-0	FiNALE Grundlagentraining Deutsch	13,95 €

FiNALE Grundlagentraining gibt es auch für die Fächer Englisch und Mathematik.

westermann

FiNALE Prüfungstraining

Berlin und Brandenburg

Mittlerer Schulabschluss / Erweiterte Berufsbildungsreife

2024

Deutsch

Dr. Jelko Peters

FiNALEonline.de

Liebe Schülerin, lieber Schüler,

sobald die Original-Prüfungsaufgaben zur Veröffentlichung freigegeben sind, können sie unter **www.finaleonline.de** zusammen mit ausführlichen Lösungen kostenlos heruntergeladen werden. Gib dazu einfach diesen Code ein:

DE9t1Sg

Einfach mal reinschauen: www.finaleonline.de

Bildnachweis: Peter Wirtz Fotografie, Dormagen: Titelfoto | © Statistisches Bundesamt (Destatis): S. 19 A und B | Shutterstock.com, New York. Air Images: S. 40 | stock.adobe.com, Dublin. Nuthawut: S. 59 | Verlagsgruppe Handelsblatt: Grafik „Plastikmüll – Mehr als nur Tüten", WiWo Print 10.03.2017. Sebastian Kirsch und Konstantin Megas: S. 60/61 | DIE ZEIT, Hamburg: Grafik „Die nächste große Welle": S. 87/88 | imprint, Zusmarshausen: S. 101

Druck A[1] / Jahr 2023
Alle Drucke der Serie A sind im Unterricht parallel verwendbar.

Redaktion: Marion Clausen, Berlin
Kontakt: finale@westermanngruppe.de
Layout: LIO Design GmbH, Braunschweig
Umschlaggestaltung: Gingco.Net, Braunschweig
Umschlagfoto: Peter Wirtz, Dormagen
Druck und Bindung: Westermann Druck GmbH, Georg-Westermann-Allee 66, 38104 Braunschweig

ISBN 978-3-07-**172486**-0

ìesprächen können sehr bereichernd für einen selbst

ießlich gebe ich zu bedenken, dass man durch das
ile Praktikum der Gesellschaft hilft und etwas Gutes
Denn durch das soziale Praktikum leistet man einen
en Beitrag für die Gesellschaft und ist vielleicht eher
t, ehrenamtlich tätig zu werden.
t habe ich drei Argumente für ein soziales Praktikum
führt. Nun stelle ich drei Argumente vor, die den
dpunkt vertreten, dass ein soziales Praktikum keiner
erin und keinem Schüler aufgezwungen werden

ichtiges Argument besteht darin, dass wir uns in
). Klasse auf die Abschlussprüfungen vorbereiten
en, das Praktikum aber nicht prüfungsrelevant ist.
das Praktikum verbessern sich unsere Noten nicht.
lessen verlieren wir wertvolle Zeit für die Prüfungs-
eitung, wenn wir beispielsweise in einem Kinder-
sind.
htig die Arbeit in einem Altenheim oder Kranken-
uch ist, so sagen doch nicht wenige Mitschülerin-
d Mitschüler, dass sie kein Interesse daran haben,
t mit alten und kranken Menschen zu verbringen.
llen viel lieber mit jungen oder gleichaltrigen Men-
zusammenarbeiten, etwa in einem Start-Up.
en Kontext passt das folgende Argument, welches
tlicht, dass viele Schülerinnen und Schüler andere
che Perspektiven oder Pläne haben. Sie wollen
n einem technischen Beruf, einem Handwerk oder
Verwaltung arbeiten oder etwas mit Medien ma-
s gehört nicht zu ihren beruflichen Vorstellungen,
n Altenheim oder Krankenhaus tätig zu sein.
tscheidung zu treffen, fällt mir nicht leicht. Vor
ufgrund der Tatsache, dass es so viele Bereiche
denen man ein schulisches Praktikum absolvieren
bin ich der Ansicht, dass ein soziales Praktikum
rpflichtend sein sollte.
estoweniger bin ich dankbar, wenn die Möglich-
teht, ein soziales Praktikum durchzuführen. Ich
iese Gelegenheit auch wahrnehmen und mein
m in einem Altenheim leisten. Es sollte aber kei-
lerin und kein Schüler zu einem sozialen Prakti-
wungen werden.
fehle daher der Schulkonferenz, dass während
tikumszeit möglichst viele soziale Praktika
en werden sollten, damit viele Schülerinnen und
die Gelegenheit erhalten, ein soziales Praktikum
vieren. Eine Pflicht zu einem sozialen Praktikum
aber nicht geben.

westermann

FiNALE Prüfungstraining

Berlin und Brandenburg

Mittlerer Schulabschluss / Erweiterte Berufsbildungsreife 2024

Deutsch

Lösungen

Dr. Jelko Peters

6990060

Lösungsheft zu 978-3-07-172486-0

Seite 100

*104

	Nummer
a) Wahrnehmung eines Stressfaktors	1
b) Ausschüttung von Adrenalin	3
c) Botschaft an das Nebennierenmark	2
d) Ausschüttung von Cortisol	4

105 a) Adrenalin setzt den Körper in Alarmbereitschaft. Blutdruck, Puls, Hautwiderstand und Muskelaktivität steigen, die Darmtätigkeit wird reduziert.
b) Cortisol beruhigt den Körper nach der Adrenalinausschüttung wieder.

106 a) Leistungsdruck ja
b) Nikotin nein
c) Mobbing nein
d) Termindruck ja
e) Arbeitspensum ja

107 a) positiv
- Stress erhöht die Leistungsbereitschaft
- durch Stress entwickelt man sich weiter
- durch Stress wird man belastbarer

b) negativ
- zu viel Stress macht krank, schadet dem Organismus, dem Körper
- zu viel Stress macht vergesslich

Seite 101

108 a) Viele Männer neigen zu „fight or flight", Kampf oder Flucht, sie versuchen allein mit der Stresssituation fertig zu werden.
b) Viele Frauen neigen zu „tend and befriend", Hüten und Befreunden, sie bilden also Netzwerke und suchen mit anderen nach Lösungen.

109 Die drei Ebenen des Vertrauens werden in dem Hocker so deutlich: Jedes Bein steht für eine Ebene:
- Das Vertrauen in die eigenen Fähigkeiten / Kompetenzen.
- Das Vertrauen in das Ganze.
- Das Vertrauen in andere (wie Vertraute, Familie und Freunde).

*110 „Flow" kann eine negative Wirkung haben oder zu negativem Stress führen, wenn man immer wieder den „Flow" etwa wie ein Süchtiger während der Arbeit sucht und sich aufgrund dessen selbst vernachlässigt. Man macht sich in gewisser Weise vom Flow abhängig und verengt sein Glück auf eine Sache wie Arbeit.

*111 a) Der Titel weist auf die positiven Seiten von Stress hin. Jede/r benötigt Stress, um sich entwickeln zu können.
b) Der Titel berücksichtigt nicht die negativen Seiten von Stress.

Aufgaben zum Sprachwissen und zur Sprachbewusstheit

Seite 102

151 c)

152 Die Redewendung bedeutet, dass jeder es s der Hand hat, wie er sich entwickelt und wie reich und glücklich er ist.

153 d)

*154 – Wiederholung (Anapher)
– Parallelismus

*155 Sie sind im „Flow", so lautet der Begriff.

Seite 103

156

a) <u>Wenn</u> man gemeinsame Ziele ...
b) <u>Als</u> der „Stressreport 2012" ...
c) ... Pausen ausfallen, <u>obwohl</u> diese ...

157 a) das Resultat des <u>Strebens</u>
b) das <u>Beschriften</u> des Behälters

2 Literarischer Text „Grüne Gurken"

Aufgaben zum Leseverstehen

Seite 107

201 „Ähm, ja. Als <u>Kundin</u>." (Z. 107)

202 In Berlin gibt es keine Verstecke für Zw

*203 Die Erzählerin findet das Verhalten ihre „schon peinlich" (Z. 12).

*204 Damit ist gemeint, dass die Familie ge sam Speisen zubereitet und kocht.

205 Die Erzählerin hat nicht so gut wie ihre schaft bei Intelligenztests abgeschnit nicht so einen hohen IQ wie andere M ihrer Familie (Z. 23 f.).

206 a) falsch
b) falsch
c) richtig
d) falsch
e) falsch

Seite 108

*207 a) Sie entwirft Torten-, Block- und I gramme am Laptop.
b) Sie bezeichnet ihre Diagramme
c) Das Erstellen der Diagramme g Tagebuchschreiben, es macht i

412 Beleg/Beispiel: Wunsch, mit jungen oder gleichaltrigen Menschen zusammenzuarbeiten.

*413 3. Argument: Andere berufliche Perspektiven oder Pläne.

*414 Beleg/Beispiel: Es gehört nicht zu meinen beruflichen Vorstellungen, in einem Altenheim oder Krankenhaus zu arbeiten.

415 Für beide Seiten gibt es gute Argumente. Eine Entscheidung fällt mir schwer. Dennoch bin ich der Ansicht, dass ein soziales Praktikum nicht verpflichtend sein sollte.

*416 Ich werde ein soziales Praktikum absolvieren. Es sollte jedoch keinen Zwang geben.

*417 Im Rahmen der Praktikumszeit sollten viele soziale Praktika angeboten werden. Eine Pflicht zu einem sozialen Praktikum sollte es aber nicht geben.

5 Umsetzung des Schreibplans: Verfassen einer Erörterung

Seite 115

Beispiellösung:

Soll an unserer Schule ein soziales Praktikum für alle Schülerinnen und Schüler eingeführt werden? Diese Frage wird auf der kommenden Schulkonferenz entschieden. Zur Vorbereitung auf diese Konferenz habe ich eine Erörterung verfasst, in der ich die Vor- und Nachteile eines sozialen Praktikums während der Schulzeit gegenüberstelle und abschließend meinen Standpunkt verdeutliche.
Das Thema, ob ein soziales Praktikum eingeführt werden soll, ist nicht unumstritten. Es wird nicht nur in meiner Klasse, sondern in der gesamten Schule kontrovers diskutiert. Eine Einigung ist noch nicht in Sicht. Ich bin sehr gespannt, wie die Schulkonferenz entscheiden wird.
Auf der einen Seite wird der Standpunkt vertreten, dass alle Schülerinnen und Schüler ein soziales Praktikum absolvieren sollen.
Dafür spricht, dass man in einem sozialen Praktikum neue Bereiche entdeckt und kennenlernt, in denen man später eine Ausbildung machen und arbeiten kann. So eröffnet einem ein Praktikum in einem Altenheim, einer Kindertagesstätte, einem Krankenhaus oder dergleichen neue Perspektiven für die anstehende Berufswahl. Ohne ein verpflichtendes soziales Praktikum wären viele sicher nicht auf die Idee gekommen, in einem sozialen Betrieb arbeiten zu wollen. Wer unschlüssig ist, erhält so eine weitere Perspektive für die Berufswahl.
Des Weiteren macht man in einem sozialen Praktikum neue Erfahrungen, die richtungsweisend für das eigene berufliche Leben sein können. Denn man lernt nicht nur einen anderen und vorher unbekannten Betrieb und viele Menschen kennen. Im Praktikum bekommt man zudem neue Aufgaben zugewiesen und entdeckt unbekannte Talente und Fähigkeiten, die einen bei der Berufswahl oder der Wahl eines Ehrenamtes beeinflussen können. Diese neuen Erfahrungen zum Beispiel in der Pflege oder

Inhaltsverzeichnis

	Was erwartet dich in diesem Buch?	6
A	**Grundlagen**	7
A 1	Rechtschreibung, Zeichensetzung und Grammatik	7
A 2	Im Wörterbuch nachschlagen	13
A 3	Literarische Texte erschließen	14
A 4	Sachtexte erschließen	16
A 5	Schaubilder auswerten	18
A 6	Schreibplan erstellen	20
A 7	Artikel schreiben	23
A 8	Texte überarbeiten	27
B	**Aufgaben zum Leseverstehen und Sprachwissen – Sachtexte**	29
B 1	Unser täglich Rot (Original-Prüfungsaufgabe 2019)	29
B 2	Smileys und Symbole – Wie Emojis unsere Kommunikation verändern (Original-Prüfungsaufgabe 2020)	35
C	**Aufgaben zum Leseverstehen und Sprachwissen – literarische Texte**	41
C 1	Apfel auf silberner Schale (Hans Joachim Schädlich)	41
C 2	Annähernd Alex (Original-Prüfungsaufgabe 2019)	47
C 3	Röslein stach (Original-Prüfungsaufgabe 2020)	53
D	**Aufgaben zum Leseverstehen – Schaubilder**	60
D 1	Plastikmüll (Original-Prüfungsaufgabe 2020)	60
E	**Aufgaben zur Rechtschreibung**	63
E 1	Richtig schreiben (Original-Prüfungsaufgabe 2019)	63
E 2	Richtig schreiben (Original-Prüfungsaufgabe 2020)	65
F	**Aufgaben zur Schreibkompetenz – Texte überarbeiten**	67
F 1	Wissenswertes über Spargel (Original-Prüfungsaufgabe 2019)	67
F 2	Wissenswertes über Venedig (Original-Prüfungsaufgabe 2020)	68
G	**Aufgaben zur Schreibkompetenz – Texte planen und verfassen**	69
G 1	Sollte man Secondhandkleidung kaufen? (Original-Prüfungsaufgabe 2020)	69
H	**Original-Prüfungsaufgaben**	72
H 1	Bewertungsvorgaben	72
H 2	Zeitplanung	73
H 3	Original-Prüfungsaufgaben 2021 und 2022	74
H 4	Original-Prüfungsaufgaben 2021	75
H 5	Original-Prüfungsaufgaben 2022	97

Original-Prüfungsaufgaben 2023 mit Musterlösungen unter www.finaleonline.de

Checkliste zur Textüberarbeitung	116
Glossar	117

Aufgaben zur Zeichensetzung

* **1** Setze im folgenden Text die fehlenden Kommas ein.

Das ist eine gute Nachricht: 821 Ausbildungsstellen in Berlin sind noch unbesetzt. Wer im Januar 2022 in Berlin noch nach einer Lehrstelle suchte hatte gute Chancen einen Ausbildungsplatz zu finden. Allerdings muss der Bewerber oder die Bewerberin auch zum Beruf passen. Viele junge Menschen wollen nicht stellen Arbeitgeber fest einen Beruf erlernen der körperlich anstrengend ist. Ein Ausbildungsleiter eines bekannten Berliner Umzugs- und Logistikunternehmens konnte die Hälfte der zehn Ausbildungsplätze nicht besetzen obwohl fast alle Auszubildenden nach der Lehre übernommen werden.

2 Streiche die zu viel gesetzten Kommas durch.

Die Lieblingsberufe der Jugendlichen? Geht man nach den Zahlen des Statistischen Bundesamtes, so steht die Ausbildung zur Einzelhandelskauffrau, oder zum Einzelhandelskaufmann an der Spitze, der beliebtesten Berufe. Fast 25.000 junge Menschen haben eine Lehre zu diesem Beruf, in Deutschland begonnen. Ebenfalls beliebt sind die Ausbildungen zum Kaufmann bzw. zur Kauffrau in den Bereichen Großhandel, Industrie, und Büromanagement. Jungen wollen am liebsten KfZ-Mechatroniker, Industriemechaniker, Koch oder Elektroniker werden, Mädchen dagegen, medizinische Fachangestellte und Friseurin.

Aufgaben zur Grammatik

1 Unterstreiche im folgenden Wortkasten die Verben.

lachen – eben – oben – trinken – beschönigen – breiten – feinen

2 Konjugiere das Verb „küssen“ im Präsens und im Perfekt. Notiere zu dem konjugierten Verb das passende Personalpronomen.

	Präsens	**Perfekt**
1. Person Singular		
2. Person Singular		
3. Person Singular		
1. Person Plural		
2. Person Plural		
3. Person Plural		

3 Konjugiere das Verb „wissen“ im Präteritum und im Futur I. Notiere zu dem konjugierten Verb das passende Personalpronomen.

	Präteritum	**Futur I**
1. Person Singular		
2. Person Singular		
3. Person Singular		
1. Person Plural		
2. Person Plural		
3. Person Plural		

4 Bestimme Personalform, Numerus und Tempus der folgenden Verbformen:

a) Ich bin eingeschlafen.

____

b) Du wirst einschlafen.

____

c) Ich hatte verschlafen.

____

d) Ich schlief.

____

5 Schreibe die Sätze im Passiv auf.

a) Der Ball rollte über die Straße.

____

b) Patrick nimmt den Ball auf.

____

* **6** Gib den Satz der wörtlichen Rede in der indirekten Rede (Konjunktiv) wieder.

a) Ayca sagt: „Martin rennt die 100 Meter unter 12 Sekunden.“

Ayca sagt, ______________________________

b) Ayca behauptet: „Jeden Tag trainiert Martin auf dem Sportplatz.“

Ayca behauptet, ______________________________

* **5** In dem Satz „Deshalb versuchte das Team um Elinor Karlsson in einem ersten Schritt, Abschnitte im Erbgut von Hunden zu finden, die mit dem Verhalten zu tun haben“ (Z. 18 f.) wird das Wort „deshalb“ verwendet.
Es handelt sich dabei um ...
Kreuze die richtige Antwort an:

a) einen Artikel ☐
b) ein Relativpronomen ☐
c) ein Demonstrativpronomen ☐
d) ein Adverb ☐
e) eine Konjunktion ☐

* **6** a) Im folgenden Satzgefüge sind zwei Relativsätze zu finden. Unterstreiche sie.

„Und jeder Hundebesitzer weiss, dass natürlich auch die Umwelt eine Rolle spielt: also etwa die Umgebung, in der ein Tier lebt, und die Erfahrungen, die es in der Vergangenheit gemacht hat.“ (Z. 25 – 28)

b) Notiere die Relativpronomen als ein Erkennungsmerkmal für die Relativsätze, die du in Aufgabe 6a) unterstrichen hast.

___

* **7** „Nach einer Studie, die in der aktuellen Ausgabe des Wissenschaftsjournals „Science“ erschienen ist, ist das alles ziemlicher Unsinn“ (Z. 5 f.).
Formuliere den Satz so um, dass der Ausdruck „ziemlicher Unsinn“ passend ersetzt wird.

___

___

___

8 Bestimme die Wortart von „extrem“ in dem Satz „Eine extrem schwierige Aufgabe“ (Z. 20).
Kreuze die richtige Antwort an:

a) Präposition ☐
b) Pronomen ☐
c) Adverb ☐
d) Adjektiv ☐

9 „Demnach gibt es also auch verschmuste Kampfhunde und Golden Retriever, die Kinder nicht ausstehen können“ (Z. 9 f.). Begründe die Großschreibung von „Golden Retriever“ mit einer Regel.

___

___

* **10** „Das Aussehen sagt einfach wenig darüber aus, wie sich der Hund verhalten wird.“ (Z. 33 f.).
Gib diese Aussage von Marjie Alonso in indirekter Rede wieder.

___

___

___

A 2 Im Wörterbuch nachschlagen

Das Wörterbuch ist für die Abschlussprüfung ein wichtiges Hilfsmittel:
- Du benötigst es zum Klären von unbekannten Wörtern.
- Du kannst nachschlagen, um die Rechtschreibung von Wörtern zu überprüfen. Das ist vor allem für die Überarbeitung eigener Texte wichtig.

Aufgaben

* **1** Erkläre, welche Bedeutung die unterstrichenen Wörter im Textzusammenhang haben. Benutze dein Wörterbuch.

Will man effektiv handeln, um möglichen Folgen der globalen Erderwärmung entgegenzuwirken, so ist es unerlässlich zu erforschen, was uns in der Zukunft erwarten könnte. Nur dann sind zielgerichtete Strategien möglich. In der Vergangenheit wurden dazu Hunderte von Studien mit unterschiedlichen Ergebnissen publiziert. Aber durch die Komplexität der Vorgänge ist auch jetzt noch vieles unklar.

effektiv handeln: ______________________________

____

globale Erderwärmung: ______________________________

____

zielgerichtete **Strategien**: ______________________________

____

wurde **publiziert**: ______________________________

____

Komplexität der Vorgänge: ______________________________

____

TIPP

1. Bei Fremdwörtern gibt es oft mehrere Bedeutungen. Um die richtige Bedeutung herauszufinden, mache die Einsetzprobe: Setze jede angegebene Bedeutung im Text an die Stelle des Fremdwortes. Welche Bedeutung ist im Textzusammenhang sinnvoll? Prüfe und wähle aus.
2. Manche Wörter findet man nicht auf Anhieb im Wörterbuch, weil sie im Text in veränderter Form vorkommen. Gehe daher vor dem Nachschlagen so vor:
   - Bilde von gebeugten Verben die Grundform (den Infinitiv): *aß* → *essen*.
   - Bilde bei Nomen die Einzahlform (Singular): *Kakteen* → *Kaktus*.
   - Schlage bei zusammengesetzten Wörtern erst unter dem ersten Wortteil nach. Wenn dort die Wortzusammensetzung nicht zu finden ist, musst du auch den zweiten Wortteil nachschlagen: *Reflexionsprozess:* → *Reflexion* → *Prozess*.

2 In dem folgenden Text befinden sich sechs Rechtschreibfehler. Streiche die falsch geschriebenen Wörter durch und schreibe sie unten richtig auf.

Durch gewachsenes Umweltbewustsein sind viele Landflechen als Schutzgebiete ausgewiesen worden. Besonders am Meer ist der zugang zu sehr gefärdeten Gebieten für Menschen beschrängt. Dadurch soll verhindert werden, dass die Schäden, die bereits durch extreme Stürme endstanden sind, durch die Menschen verstärkt werden.

____

____

A 4 Sachtexte erschließen

Um einen Sachtext zu erschließen, gehst du am besten schrittweise vor.

★ **1** Bearbeite den Text unten mithilfe des Tipps.

TIPP

VOR DEM LESEN

1. Vermutungen äußern
- „Überfliege" den Text: Wovon könnte der Text handeln?
- Lies die Überschrift, die Zwischenüberschriften und betrachte die Abbildungen (wenn vorhanden).
  - Notiere am Rand, was du bereits über das Thema weißt.
  - Stelle W-Fragen an den Text: (Was …? Wer …? Warum …? Wo …? Wann …?)

WÄHREND DES LESENS

Lies den Text und überprüfe, ob deine Vermutungen stimmen.

2. Unbekannte Begriffe klären
- Markiere Begriffe und Textstellen, die du nicht verstehst.
- Versuche, die Bedeutung selbst herauszufinden, indem du den Satzzusammenhang betrachtest. Oft wird in den folgenden Sätzen die Bedeutung erklärt. Schlage ansonsten im Wörterbuch nach (siehe A 2, S. 13) und notiere die Bedeutung am Rand.

3. Schlüsselstellen unterstreichen
- Unterstreiche Schlüsselstellen:
  - Textstellen, die Antwort auf deine W-Fragen geben.
  - Informationen, die du interessant findest.

NACH DEM LESEN

4. Informationen entnehmen
- Bilde Sinnabschnitte. Das sind Absätze, die inhaltlich eng zusammengehören. Du kannst dich auch an den vorhandenen Absätzen orientieren.
- Formuliere zu jedem Sinnabschnitt eine Überschrift (ein Stichwort oder einen kurzen Satz).
- Notiere zu jeder Überschrift stichwortartig den Inhalt des Sinnabschnittes. Nimm dazu die unterstrichenen Schlüsselstellen zu Hilfe.

5. Inhalte zusammenfassen
- Bilde aus den Stichpunkten zum Inhalt vollständige Sätze und verknüpfe sie miteinander. So erhältst du eine kurze Inhaltszusammenfassung des Textes.
- Bestimme die Textsorte (Reportage, Zeitungsbericht, Interview).

Heute ziehe ich Pixel an: das Geschäft mit der digitalen Mode

Helene Kilb

??

Eine Frau steht auf einer grünen Wiese. Sie trägt ein Kleid aus schillerndem Stoff, den ein Windhauch leicht aufzublähen scheint. Die irisierende Oberfläche der Robe lässt diese aussehen, als wäre sie aus einer Seifenblase gemacht. So etwas findet man in keinem Ladengeschäft der Welt. Und erst recht nicht in einem Kleiderschrank. Was die Robe namens „Iridescence", die Richard Ma seiner Frau Mary Ren geschenkt hat, von anderen unterscheidet, ist nicht allein ihre Optik, sondern auch die Tatsache, dass Mary Ren sie nie auf ihrer Haut getragen hat. Das umgerechnet 8000 Euro teure, vom digitalen

Modelabel[1] The Fabricant designte Kleid existiert nur in der digitalen Welt. Um hineinzuschlüpfen, bedurfte es einer Fotomontage. Die ging 2019 viral[2]. Ma, Geschäftsführer einer kalifornischen Sicherheitsfirma, hielt die Investition für besonders nachhaltig und ist laut dem Nachrichtensender BBC überzeugt davon, dass „in zehn Jahren jeder digitale Mode trägt".

Was?

Thema: Digitale Mode

Tatsächlich ist digitale Mode mittlerweile kein luxuriöses Experiment mehr. Zumindest virtuelle Accessoires sind bei vielen Menschen schon Teil des Alltags: Man denke an die Hüte, Blumenkränze oder Brillen, die man bei Instagram oder Snapchat als Filter über sein Foto legen kann. Im Gamingbereich sind sogenannte „Skins" beliebt, virtuelle Kleidungsstücke, die man seiner Spielfigur überstreift. Einen Extranutzen für das jeweilige Spiel bringen sie nicht. Trotzdem sind sie begehrt genug, um ein Geschäftsmodell zu sein: So entwarf etwa Louis Vuitton[3] schon 2019 Skins für „League of Legends" und 2021 für „Final Fantasy", Burberry und Balenciaga zogen nach. Die Idee besitzt großes Zukunftspotenzial – dieser Meinung sind auch Judith Brachem und Lucas Stübbe von der Universität Hamburg. In ihrem Forschungsprojekt „Virtuelles Beiwerk" befassen sich die Kunstgeschichte-Studierenden mit allen Facetten nicht physischer Kleidung. Schon heute besteht die Möglichkeit, ein Foto oder Video von sich an die jeweilige Firma zu schicken, die mithilfe eines Grafikprogramms ein Kleidungsstück darauf montiert. Eine dieser Firmen ist DressX, bei der man Ohrringe oder Hüte ab einem Dollar ergattern kann. Aufwändigere Teile kosten mehr. Als Einsatzgebiet sind vor allem die sozialen Medien gedacht, um Followerinnen und Follower mit immer neuen Looks zu beeindrucken. Darüber hinaus wird bereits über Garderobe nachgedacht, mit der man sich in digitalen Räumen bewegt. Träger und Trägerinnen sind Avatare, wie sie in der Vergangenheit vor allem in computergenerierten Filmen und bei Videospielen zum Einsatz kamen. Die Modewelt schickt solche Wesen bereits über Laufstege. Das vielleicht berühmteste Beispiel dafür ist Miquela Sousa, auch bekannt als Lil Miquela auf Instagram. [...]

Was wie eine unnötige Spielerei wirkt, bringt einige Vorteile mit sich, allen voran: Nachhaltigkeit. Denn ein Kleidungsstück, das nicht genäht, gefärbt und verschickt werden muss, belastet auch nicht die Umwelt. Verschleißerscheinungen wie Löcher, Risse oder Flecken gehören der Vergangenheit an. Zudem muss die Garderobe nicht funktional sein, braucht beispielsweise keine Rücksicht auf Tragekomfort und Wetterfestigkeit zu nehmen. „Digitale Mode ist etwas, das viel mehr im Moment stattfindet, das eine Stimmung beschreibt oder diese beeinflusst und als Ausdruck der Persönlichkeit fungiert", sagt Judith Brachem. „Und das funktioniert im virtuellen Raum noch einmal stärker." [...] Hier sehen Brachem und Stübbe aber auch ein Risiko: Schließlich besteht die Gefahr, sich in den nicht realen Welten zu verlieren, besonders wenn ein eigens erstellter Avatar die Kleidung trägt. „Kritisch wird es auch, wenn man anfängt, die virtuelle Welt mit der echten zu vergleichen", sagt Stübbe. Denn im Vergleich zu der computergenerierten Perfektion und der Vielfalt an fantasievollen Möglichkeiten habe die Realität selten eine Chance. [...]

1 **das Modelabel:** die Modemarke

2 **viral gehen:** sich herumsprechen

3 **Louis Vuitton:** Gründer und Namensgeber eines Luxuswaren-Unternehmens (wie Burberry und Balenciaga)

Quelle: https://www.rnd.de/lifestyle/heute-ziehe-ich-pixel-an-das-geschaeft-mit-der-digitalen-mode-LHMRL6NSPZH3JJCM4CPZT2BPTE.html (aufgerufen am 11.01.2023)

A 5 Schaubilder auswerten

Zu den Prüfungsaufgaben gehört auch das Auswerten von Schaubildern. Diese stellen Daten dar, die nach bestimmten Gesichtspunkten geordnet sind. Um den Schaubildern die richtigen Informationen entnehmen zu können, musst du sie richtig lesen und verstehen können.
Auf der nächsten Seite findest du verschiedene Diagramme (= Darstellung von Zahlenwerten in einem Koordinatensystem). Am Beispiel A erfährst du, wie du ein solches Diagramm auswerten kannst. In gleicher Weise kannst du die anderen Diagramme bearbeiten.

Erster Schritt: Sich orientieren

1 Worum geht es in dem Schaubild A? Notiere stichpunktartig.

Thema: ______________________________

Zahlenangaben: ______________________________

____

Angaben zu: ______________________________

____

Vergleiche zwischen: ______________________________

____

____

TIPP zum ersten Schritt

1. Lies die Überschriften und Erläuterungen. Um welches Thema geht es?
2. Welche Zahlenangaben werden gemacht? Werden sie in Prozent, Promille oder in absoluten Zahlen (z. B. in Tausend) angegeben?
3. Worauf beziehen sich diese Angaben?
4. Was kann miteinander verglichen werden?

Zweiter Schritt: Den Inhalt des Schaubildes erfassen und stichpunktartig aufschreiben

2 Schreibe die Informationen auf, die du dem Schaubild A entnehmen kannst.

____

____

____

____

____

TIPP zum zweiten Schritt

1. Sieh dir das Schaubild genauer an. Welche Merkmale haben die größten Werte?
2. Welche Merkmale haben geringe Werte?
3. Wie verläuft die Entwicklung (Zunahmen, Abnahmen)?

Dritter Schritt: Aufgabenstellung beantworten und Ergebnisse aufschreiben

3 Beantworte die Aufgaben zu Schaubild A. Achte genau auf die Aufgabenstellung.

____

____

____

____

TIPP zum dritten Schritt

1. Formuliere in ganzen Sätzen.
2. Verwende folgende Formulierungen:
   ... hat am meisten abgenommen ...
   ... haben sich nicht nennenswert geändert ...
   ... ist wieder angestiegen ...

Schaubild A: Säulendiagramm

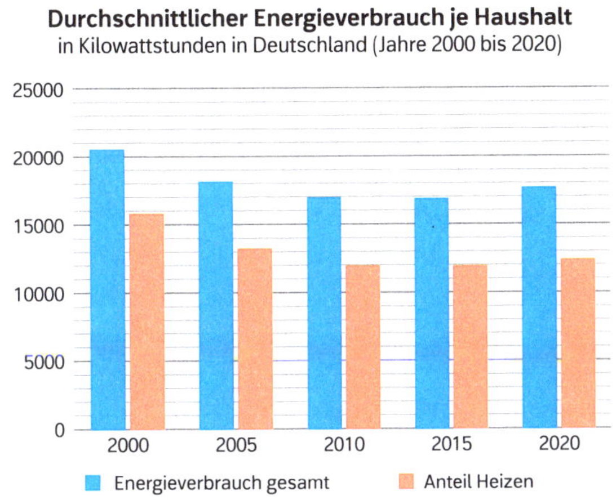

Quelle: Statistisches Bundesamt (Destatis)

INFO

Säulendiagramme zeigen oft absolute Zahlen an. Die Länge der Säule gibt einen Zahlenwert an, den man meist auf der y-Achse ablesen kann. Neben der x-Achse wird angegeben, worauf sich die Säulen beziehen.

AUFGABENSTELLUNG

1 In welchem Zeitraum hat der Energieverbrauch insgesamt am meisten abgenommen?

2 Beschreibe die Entwicklung des Energieverbrauchs von 2000 bis 2020.

Schaubild B: Kreisdiagramm

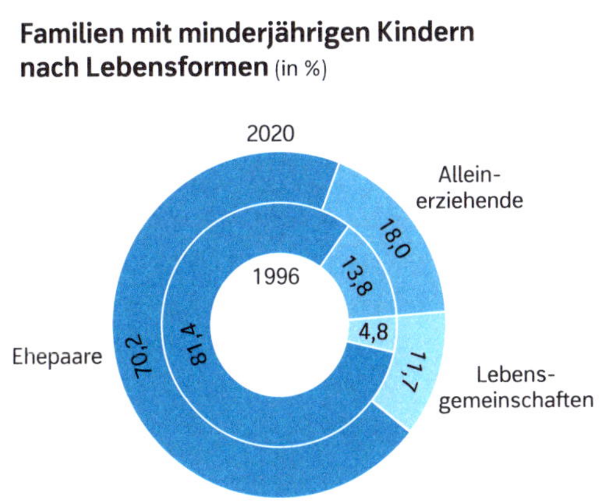

Quelle: Statistisches Bundesamt (Destatis)

INFO

Kreisdiagramme zeigen die prozentuale Zusammensetzung einer Gesamtmenge. Dabei ist der Kreis in mehrere Teile unterteilt, die jeweils den Anteil an der Gesamtmenge wiedergeben.

AUFGABENSTELLUNG

1 Welche Lebensform mit minderjährigen Kindern hat seit 1996 am meisten zugenommen?

2 Beschreibe die Entwicklung der Lebensformen von 1996 bis 2020.

Schaubild C: Liniendiagramm

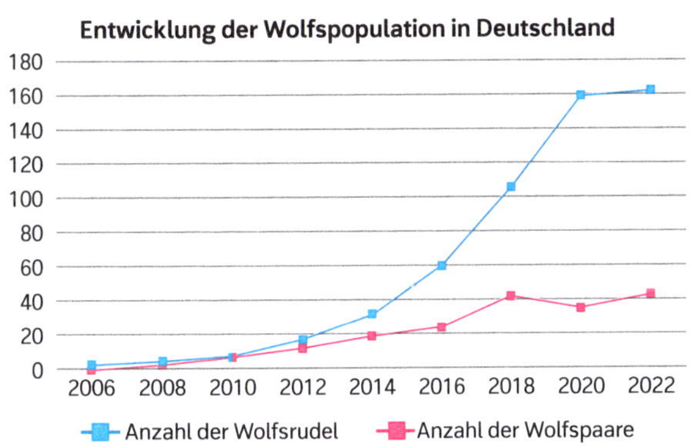

Quelle der Daten: DBBW (Dokumentations- und Beratungsstelle des Bundes zum Thema Wolf), Görlitz, Abfrage der DBBW-Datenbank 11.01.2023

INFO

Linien- oder Kurvendiagramme eignen sich dazu, Daten von verschiedenen Zeitpunkten grafisch zu vergleichen.

AUFGABENSTELLUNG

1 In welchem Zeitraum vergrößerte sich die Wolfspopulation in Deutschland am schnellsten?

2 Beschreibe die Entwicklung der Wolfspopulation in Deutschland.

A 6 Schreibplan erstellen

Wenn man sich mit einem Problem schriftlich auseinandersetzen will, ist es hilfreich, seine Gedanken in einem Schreibplan zu ordnen.

Ein Schüler deiner Schule hat nach dem Vorstellungsgespräch für einen Ausbildungsplatz eine Ablehnung wegen seiner auffälligen Piercings und seines Tattoos am Hals erhalten. Daraufhin entbrennt eine heftige Diskussion an deiner Schule.
Nimm dies zum Anlass, um in einem Artikel für die Schülerzeitung die Problematik von Tattoos und Piercings zu erörtern.

Aufgaben

1 Werden Piercings akzeptiert oder nicht? Markiere in unterschiedlichen Farben, welche Aussagen für oder gegen die Piercings sind.

Meinungsäußerungen

Ich kenne viele, die sich durch ihre Piercings schon ganz schön verletzt haben.

Jeder hat das Recht, sich so zu zeigen, wie er es will.

Tattoos und Piercings sind Kunstwerke am Körper.

Meine Mutter darf auch keine Ohrringe und Ringe auf der Arbeit tragen, weil das unhygienisch ist.

Viele ältere Kunden finden Piercings und Tattoos abstoßend.

Mit Piercings und Tattoos stellt einen keiner ein, weil man unseriös wirkt.

Tattoos und Piercings kommen cool rüber und zeigen, dass du selbstbewusst bist.

Träger von Piercings, vor allem aber Tattoos, gibt es heute in jeder Gesellschaftsschicht.

2 Erstelle einen Schreibplan, indem du das folgende Gliederungsraster ausfüllst.

a) Leite aus den vorgegebenen Meinungsäußerungen jeweils zwei Pro- und zwei Kontra-Argumente ab und formuliere diese in der Standardsprache bzw. Schriftsprache.
b) Stütze die Argumente mit jeweils einem Beleg bzw. Beispiel.
c) Ergänze stichwortartig deine Überlegungen für Einleitung und Schluss des Artikels, wobei der Schluss deine persönliche Meinung widerspiegeln soll.

TIPP zu 2 b)

Bei den Beispielen und Belegen kannst du auf dein Alltagswissen und eigene Erfahrungen zurückgreifen.

Gliederungsraster

1. Einleitung	
Schreibanlass	
Hinführung zum Thema	
2. Hauptteil	
These	Piercings und Tattoos werden heute allgemein akzeptiert.
1. Argument	•
Beleg/Beispiel	•
2. Argument	•
Beleg/Beispiel	•

Gegenthese	Piercings und Tattoos sind nicht in allen Lebensbereichen erwünscht.
1. Argument	•
Beleg/Beispiel	•
2. Argument	•
Beleg/Beispiel	•
Schluss	
Fazit	
eigene Positionierung	
Ausblick	

A 7 Artikel schreiben

Aufgaben

1 Verfasse die Erörterung für die Schülerzeitung mithilfe deines Schreibplans (siehe Kapitel A 6).

TIPP zur Einleitung

Du erklärst in der Einleitung deinen Leserinnen und Lesern den Schreibanlass, wie das Problem entstanden ist und warum du dich mit dem Thema auseinandersetzt. Du kannst dazu ein Zitat anbringen, ein persönliches Erlebnis schildern oder allgemeine Informationen erwähnen, die das Problem veranschaulichen. Wichtig ist bei der Hinführung zum Thema, dass du deutlich machst, was strittig ist. Du kannst dazu eine passende Problemfrage formulieren: *Ich gehe daher der Frage … nach. Daraus ergibt sich für mich die Frage …*

Einleitung

Im Hauptteil argumentierst du zu den Pro- und Kontra-Thesen. Dazu führst du passende Argumente an, die du mithilfe von Beispielen und Belegen entfaltest. Außerdem solltest du deine Argumente und Belege in eine stimmige Reihenfolge bringen, etwa vom für dich schwächsten zum stärksten oder vom stärksten zum schwächsten Argument.

TIPP für den Hauptteil

Die folgenden Wörter und Formulierungen helfen dir, deinen Text zu gliedern und deine Argumente zu ordnen: *außerdem, daher, darüber hinaus, deswegen, ebenso, erstens – zweitens – drittens, ferner, sowohl … als auch, weiterhin …*

Am stärksten allerdings fällt das folgende Argument ins Gewicht … Außerdem ist zu sagen, dass … Entscheidend für meine Überlegung ist jedoch … Es ist zu bedenken … Es ist zu berücksichtigen … Für noch bedeutsamer halte ich … Unwesentlich ist für mich der Gesichtspunkt, dass … Weiterhin möchte ich anmerken … Wichtiger erscheint mir allerdings die Tatsache … Zudem will ich darauf hinweisen … Zunächst steht für mich fest, dass …

Piercings und Tattoos werden heute allgemein akzeptiert.

TIPP für die Überleitung

Beginne den zweiten Abschnitt deines Hauptteils mit einer Überleitung, in der du darauf hinweist, dass man zu dem Problem eine andere Meinung haben kann: *aber, allerdings, andererseits, auf der anderen Seite, dagegen, viele Argumente, die für/gegen … sprechen, sind nicht von der Hand zu weisen, …*

Piercings und Tattoos sind nicht in allen Lebensbereichen erwünscht.

TIPP für den Schluss

Im Schlussteil fasst du deine Argumentation in einem Fazit zusammen, ohne aber neue Argumente aufzuführen. Anschließend verdeutlichst und bekräftigst du deine Position. Gib dann einen Ausblick oder richte einen Appell an deine Leserinnen und Leser, in dem du sie zu einer bestimmten Entscheidung oder Handlung aufforderst. Formulierungshilfen für den Schluss: *Abschließend möchte ich nochmals bekräftigen ... Nach dem Abwägen der Argumente komme ich zu der Ansicht, dass ... Wenn ich das Für und Wider der Standpunkte ...*

Schluss

2 Die Absätze der folgenden Erörterung wurden verwürfelt. Ordne den Absätzen die passenden Gliederungspunkte zu. Notiere sie am Rand neben dem jeweiligen Absatz.

Einleitung – Hinführung zum Problem – Argument mit Beleg für Piercings/Tattoos – Überleitung – Argument mit Beleg gegen Piercings/Tattoos – Fazit der Argumentation – Eigene Meinung – Ausblick/Appell

Werden Tattoos und Piercings heute allgemein akzeptiert?

Darauf erklärte Gregor, dass ihm aufgefallen sei, dass viele Menschen mit einem Tattoo oder Piercing sicherer auftreten. So sei Hugo, seitdem er sich seine Augenbraue hat piercen lassen, viel sicherer im Umgang mit Erwachsenen geworden und diese würden auch eher auf ihn eingehen.

Wir kamen schließlich zu dem Urteil, dass es nicht eindeutig zu entscheiden ist, inwieweit heutzutage Piercings und Tattoos anerkannt sind und ob man sich ein Piercing oder Tattoo des Berufs wegen lieber nicht zulegen sollte.

Wir waren entsetzt. In unserer Klasse diskutierten wir deshalb, inwieweit Piercings und Tattoos in unserer Gesellschaft akzeptiert sind.

Wer sich piercen oder tätowieren lassen will, sollte daher genau überlegen, ob das Tattoo oder Piercing zu seinem Umfeld und zu seinem Beruf passt.

So warf Frederick ein, dass Piercings einem bei bestimmten Tätigkeiten auch schaden können. So erlitt sein Bruder eine schlimme Verletzung beim Basketball, weil er mit seinem Piercing am Trikot eines Mitspielers hängen geblieben ist.

Ich persönlich mag Tattoos und Piercings, würde mir aber keines im Gesicht oder an anderen sichtbaren Körperteilen zulegen.

Gülsüm vertrat die Ansicht, dass Tattoos und Piercings heute durchaus von vielen Menschen akzeptiert werden und auch keine Frage des Alters mehr sind. Denn ihre Tante, die immerhin schon 45 Jahre alt ist, und deren Tochter seien zusammen in ein Tattoo-Studio gegangen und hätten sich jeweils ihre Vornamen in einem Herz auf ihre Unterarme tätowieren lassen.

Vorgestern fragte ich Franz vor der Schule, wie sein Bewerbungsgespräch gelaufen ist, und er teilte mir traurig mit, dass er wegen seines Tattoos am Hals, wegen seiner drei Nasenpiercings und wegen seines Flesh-Tunnels nicht eingestellt wurde.

Allerdings stellten wir in unserer Diskussion auch fest, dass Tattoos und Piercings nicht in allen Lebensbereichen erwünscht sind und akzeptiert werden.

Auch ist nicht in jedem Beruf ein Tattoo oder Piercing passend, meinte darauf Greta, die feststellte, dass ihre Mutter einem Bankangestellten mit Tattoo oder Piercing nicht ihr Geld anvertrauen würde.

3 Erstelle einen Schreibplan und schreibe einen Artikel zur Frage „Fast Food oder selbst kochen?“
Die Frage ist während eines Projektes an deiner Schule über gesunde Ernährung aufgekommen und diskutiert worden. Dies nimmst du zum Anlass, um einen Artikel zu verfassen, in dem du die Vorteile von selbst zubereitetem Essen und Fast Food gegeneinander abwägst.
Während der Diskussion sind folgende Meinungsäußerungen, die teilweise umgangssprachlich sind, geäußert worden:

- Ehe ich ewig am Herd stehe, nehme ich lieber die Fertigpizza.
- Wenn ich selber koche, kann ich entscheiden, wie das Essen schmecken soll.
- Fast Food ist doch viel zu teuer, das kann ich mir gar nicht jeden Tag leisten.
- Ich gehe immer mit meinen Freunden Burger essen. Das macht doch mehr Spaß, als alleine zuhause zu sitzen.
- Kochen? Kann ich gar nicht. Soll ich etwa verhungern?
- Ich kaufe mir die Zutaten lieber frisch. Das ist doch viel gesünder.

Erstelle zuerst in deinem Heft ein Gliederungsraster (vgl. S. 21 /22). Beziehe dich dabei auf die Meinungsäußerungen, ohne diese wörtlich zu übernehmen. Schreibe dann den Artikel.

A 8 Texte überarbeiten

Um einen Text zu verfassen, muss man zuerst planen, was und wie man schreiben will, dann den Text schreiben und abschließend noch einmal überarbeiten. Dazu gehört, dass man die Rechtschreibung, Zeichensetzung und Grammatik überprüft.

Aufgaben

1 Im folgenden Text mit Informationen zu einer Stellenausschreibung sind Fehler enthalten. Verbessere nur den jeweiligen Rechtschreib-, Zeichensetzungs-, Grammatik- und Ausdrucksfehler (keine Sätze abschreiben!).

	Text	Fehler
1	Die Firma „Gartenglück" bietet, einen Ausbildungsplatz zur Gärtnerin oder zum Gärtner in der Fachrichtung Landschaftsbau.	Z (Korrigiere direkt im Text.)
2	Interessenten müssen mindestens ein Abschluss, z. B. den der Berufsbildungsreife, vorweisen können.	G (Kasus): ______
3	Außerdem wird eine gute Korperliche Belastbarkeit erwartet.	R. ______
4	Auch technisches Verständnis und Teamfähigkeit ist von Vorteil.	G (Numerus): ______
5	Die Bewerbungsunterlagen sind vollstendig einzureichen.	R: ______
6	Dazu gehören Kopien der letzten beiden Zeugnisse der Praktikumsnachweise und ein tabellarischer Lebenslauf.	Z (Korrigiere direkt im Text.)
7	Der Bewerbungszeitraum endet bis zum 15. Januar 2024.	A: ______
8	Die Ansprechpartnerinen für die Bewerbungen sind Frau Strauch und Frau Baum.	R: ______
9	Die Bewerbungsunterlagen wären an folgende Adresse zu richten:	Gr (Modus): ______
10	Firma „Gartenglück" GmbH Frau Strauch / Frau Baum An der wiese 4 12345 Wäldlingen	R: ______

2 Die Schülerinnen und Schüler der Klasse 10a sollten im Deutschunterricht einen Text über die Suche nach einem passenden Geschenk für eine befreundete Person schreiben. Leider gibt es im folgenden Text einige Fehler, die überarbeitet werden müssen.
Verbessere nur den jeweiligen Rechtschreib-, Zeichensetzungs-, Grammatik- und Ausdrucksfehler (keine Sätze abschreiben!).

Nr.	Text	Fehler
1	Es ist nicht leicht ein passendes Geschenk für eine Freundin oder einen Freund zu finden.	Z (Korrigiere direkt im Text.)
2	Mit meinen Tips möchte ich euch die Suche erleichtern.	R: ______
3	In Gespräche mit der betreffenden Person erfährt man etwas über deren Geschmack.	G (Kasus): ______
4	Auch die Kenntnis der Interessen und Hobbys können dir helfen, die richtige Entscheidung zu treffen.	G (Numerus): ______
5	Verschenke zum Beispiel ein Abonement der zum Hobby passenden Fachzeitschrift.	R: ______
6	Je nach Interessenlage können auch Konzert- oder Kinokarten ein willkommendes Geschenk sein.	R: ______
7	Total in sind auch Gutscheine für einen angesagten Laden.	A (umgangssprachlich): ______
8	Geldgeschenke sollte man jedoch vermeiden, weil diese bei vielen beliebt sind.	G (Konjunktion): ______
9	Sie wirken unpersönlich bequem und einfallslos.	Z (Korrigiere direkt im Text.)
10	Lass dir lieber was Besonderes einfallen, wenn du deine Freundin oder deinen Freund überraschen willst.	A (umgangssprachlich): ______

B Aufgaben zum Leseverstehen und Sprachwissen – Sachtexte

B 1 Unser täglich Rot (Original-Prüfungsaufgabe 2019)

TIPP Während des Lesens

Unterstreiche Schlüsselbegriffe und Namen. Mache dir kurze Notizen zum Inhalt. Markiere die Absätze, indem du sie nummerierst oder mit Trennstrichen kennzeichnest.

Unser täglich Rot *Andreas Austilat*

Ketchup ist ein unverzichtbarer Begleiter – beim sommerlichen Grillen ebenso wie zur Currywurst. Doch die Soße hat ein Imageproblem. Zu Recht?

Ketchup war streng verboten. Die Mutter kochte alles frisch, auch mal eine Tomatensoße, zumal sie in ihrem schwäbischen Elternhaus jede Menge Tomaten im Garten hatten. Aber Ketchup? „Es war ein absolutes No-Go, den über ihr Essen zu schütten." So erinnert sich Michael Kempf, mit zwei Michelin-Sternen[1] ausgezeichneter Koch im Berliner Restaurant „Facil", an seine Kindheit.

Kinder und Erwachsene, Currywurstesser und Feinschmecker, Amerikaner und Franzosen, zwischen ihnen scheint es eine Grenze zu geben, die von dieser ganz speziellen Tomatensoße markiert wird. In Frankreich wurde 2011 gar ein Gesetz auf den Weg gebracht, das den Ketchupkonsum in Schulkantinen drastisch reduzieren sollte. Zum Schutz der Kinder und der französischen Küche.

In den USA regte dagegen der Landwirtschaftsminister in den 1980er-Jahren an, Ketchup als eingelegtes Gemüse zu deklarieren[2], was es den Schulen erlaubt hätte, echtes Gemüse in den Kantinen einzusparen. Man wollte verhindern, dass da zu vieles auf den Tellern liegt, das von Kindern sowieso nicht gegessen wird. Der Vorstoß führte zu einer erregten Diskussion und setzte sich nicht durch.

Warum Tomaten gesund sind

Die Debatte hält an. Ketchup gilt manchen Ernährungsexperten als Risikolebensmittel, weil auf 100 Gramm je nach Hersteller bis zu 31 Gramm Zucker kommen können. Dabei ist die Tomate gesund. Vor allem das enthaltene Lycopin schützt vor Krebs- und Herzerkrankungen. Und Ketchup kann ziemlich viel Lycopin vorweisen, auch und gerade wenn er nicht aus frischen Früchten, sondern aus Tomatenmark oder Konserven gefertigt wurde – das Lycopin wird beim Kochen aufgeschlossen und kann dann vom Körper sogar besser verarbeitet werden.

Ganz bedauerlich wäre der Verzicht auf Ketchup in der Grillsaison. 80 000 Tonnen verbrauchen die Deutschen im Jahr, einen Gutteil davon im Sommer. Denn die fruchtige Tomatensoße ist nicht nur in Fast-Food-Buden ein beliebter Begleiter, sondern auch zu Fleisch vom Grill. Hinzu kommen zahlreiche Varianten wie Curryketchup oder Barbecuesoße. Doch noch führt Tomatenketchup mit 70 Prozent Marktanteil vor all seinen Ablegern.

Ketchup in der Sterneküche

Michael Kempf hat das häusliche Verbot gut überstanden und bekennt sich heute zum Ketchup. Zwar werde die Soße im „Facil" kaum nachgefragt, und wenn, dann überwiegend von Kindern. Doch Ketchup hat, von vielen Gästen unbemerkt, auch in seiner Sterneküche einen festen Platz. Bei nahezu jedem Soßenansatz im Fleischbereich gibt Kempf zwei bis drei Esslöffel Ketchup hinein, statt Tomatenmark. Denn der gebe der Soße einen schönen Glanz, verleihe ihr vor allem den gewünschten Umami-Geschmack, jene geheimnisvolle fünfte Geschmacksrichtung neben süß, salzig, bitter und sauer. Im Übrigen sei das keineswegs eine Marotte von ihm. Ketchup hätten sie schon bei Dieter Müller in Bergisch Gladbach verwendet, dem Dreisternekoch, bei dem Kempf einst lernte. [...]

Wie die Tomate in die Flasche kam

In den 1830er-Jahren tauchten die ersten Flaschen Tomatenketchup als Handelsware in amerikanischen Geschäften auf. Noch einmal 30 Jahre später begann Henry John Heinz in Pennsylvania damit, eine Meerrettichsoße anzurühren. Zusammen mit einem Kompagnon verkaufte er sie in durchsichtigen Gläsern, um so die Güte des Produktes zu demonstrieren. Die Firma machte trotzdem Pleite. Doch Heinz, Sohn deutscher Einwanderer, startete neu, diesmal nahm er auch Tomatenketchup in seine Produktpalette auf.

Der Siegeszug seines Ketchups – beim Tod des Firmengründers 1919 war Heinz Ketchup bereits Marktführer in den USA und wurde es schließlich in 50 Ländern – hat wahrscheinlich drei Ursachen gehabt. Heinz verstand sich auf Marketing, seine durchsichtige Flasche mit dem praktischen Drehverschluss wurde zum Standard. Und er warb damit, dass sein Ketchup keine künstlichen Konservierungsstoffe enthielt, ein Vorteil, als zu Beginn des 20. Jahrhunderts in den USA erstmals die Debatte um Zusatzstoffe in der noch jungen Lebensmittelindustrie entbrannte. Was aber noch entscheidender war: Er schmeckte tomatiger als die mit künstlichen Mitteln haltbar gemachte Konkurrenz. Noch heute wirbt Heinz mit der Aufschrift „frei von Konservierungsmitteln, frei von Verdickungsmitteln“. Ins Gerede kam Heinz in jüngster Zeit allerdings wegen des hohen Zuckergehalts.

Die Deutschen setzten auf Bratwurst mit Senf

Ebenso wichtig für den Erfolg dürften zwei andere Erfindungen gewesen sein: Mit der Weltausstellung 1893 in Chicago begann die Karriere des Hotdog. Und auf der Weltausstellung 1904 in St. Louis wurde der Hamburger im großen Stil der Öffentlichkeit präsentiert. Beide sollten sich als kongeniale[3] Partner des Ketchups erweisen. In Deutschland setzte man dagegen lange auf Bratwurst mit Senf. 1937 nahm die heute noch existierende Firma Zeisner in Bremen die Produktion des ersten deutschen Ketchups auf.

Fast Food und der industrialisierte Herstellungsprozess haben nicht nur die Karriere der Soße vorangetrieben. Sie haben gleichzeitig ihrem Image geschadet. Seit den 1950er-Jahren wird Ketchup kaum noch aus frischen Tomaten gemacht, sondern aus Konzentrat oder eingeweckten Früchten. Das muss nicht schlecht sein. Aber was tun, wenn man der Tunke aus der Flasche misstraut?

Michael Kempfs Ketchup-Rezept

Ketchup kann man leicht selbst zubereiten. Michael Kempf tut das aktuell beim Wollschweinnacken, den bestreicht er mit dem eigenen Barbecueketchup. Dafür schwitzt er Schalotten und Knoblauchzehen in Olivenöl glasig an und löscht mit passierten Tomaten ab, verfeinert das Ganze mit Pfeffer, Paprika, einer Prise Chili und geräuchertem Meersalz. Separat karamellisiert[4] er braunen Zucker und löscht mit weißem Balsamicoessig ab, die Lösung kommt dazu. Dann auf kleinster Flamme fünf, sechs Stunden köcheln lassen, je länger, desto besser. Zwischendurch regelmäßig rühren, am Ende durch ein Sieb passieren und in Gläser abfüllen. Deckel drauf, ein tiefes Backblech mit einer Zeitung auslegen und zwei Finger hoch mit heißem Wasser füllen,

Gläser draufstellen und bei 100 Grad 30 Minuten lang sterilisieren. Danach hält der Ketchup etwa ein halbes Jahr.
Wem das zu mühsam ist: Auch im Handel gibt es jede Menge Ketchup, der mit der Sorgfalt bei der Auswahl seiner Zutaten wirbt. Der jüngste Anbieter kommt aus Berlin-Weißensee, dort macht Jan Daniel Fritz seit einem knappen Jahr seinen „Kiez-Ketchup“. Die Firma hat ihren Sitz in einer ehemaligen Patisserie[5].

Agavendicksaft statt Zucker

Eigentlich kommt Fritz vom Film. Aber nach 16 Jahren hatte der 48-Jährige davon genug. Und weil Soßemachen schon immer sein Hobby war, investierte er 400 000 Euro in einen mannshohen Homogenisator[6], in dem die kleine Firma rund 30 Soßen herstellt. Nacheinander selbstverständlich.
Der Ketchup war ursprünglich eine reine Auftragsarbeit für das Hotel Adlon, inzwischen gehört er zu den Bestsellern der kleinen Firma. Worauf aber kommt es Fritz bei seinem Ketchup an? Er verwendet Tomatenmark und passierte Tomaten aus biologischem Anbau. Den seiner Meinung nach wichtigen Unterschied machen die weiteren Zutaten: auf keinen Fall Branntweinessig, der habe in den Spitzen zu viel Säure und würde die Fruchtnote übertönen. Er nimmt nur weißen Balsamico. Das Fundament liefert ihm die Gemüsebrühe, das Produkt ist auch für Veganer geeignet. Wichtig sind das Salz, er nimmt Steinsalz, und die Süße, statt Zucker verwendet er für den Kiez-Ketchup Agavendicksaft.
Ob sein Produkt nun gut zu Gegrilltem passt, das müssen am Ende andere entscheiden. Fritz isst kaum Fleisch. Immerhin, im Mai hat er 500 Kilo verkauft, das entspricht etwa 2000 Flaschen. Und da hatte die Grillsaison noch nicht den Höhepunkt erreicht.

1 **der Michelin-Stern:** Auszeichnung für Köche für Köche

2 **deklarieren:** ausweisen

3 **kongenial:** *hier:* besonders geeignete

4 **karamellisieren:** Zucker trocken erhitzen

5 **die Patisserie:** Feinbäckerei

6 **der Homogenisator:** Gerät zum Vermischen von Lebensmitteln

Quelle: Austilat, Andreas: Unser täglich Rot, https://www.tagesspiegel.de/gesellschaft/grillsommer-auf-der-suche-nach-dem-ultimativen-ketchup/13976590-all.html (aufgerufen am 11.01.2023) – Der Tagesspiegel 13.08.2016

Aufgaben zum Leseverstehen

1 Ergänzen Sie die Informationen zu Michael Kempf.

a) Beruf ______________________

b) Name seines Restaurants ______________________

c) Ort seines Restaurants ______________________

d) Ort der Ausbildung ______________________

e) Name des Ausbilders ______________________

f) Auszeichnung ______________________

2 In Michael Kempfs Elternhaus war Ketchup verboten.
Notieren Sie
a) den Grund für das Verbot.
b) die zwei Gründe, warum er für seine Soßen trotzdem Ketchup verwendet.

a)

b) •

•

3 Notieren Sie für die folgenden Behauptungen jeweils ein Argument.

Behauptung	Argument
a) Ketchup ist gesund,	weil
b) Ketchup ist ungesund,	weil

* **4** Notieren Sie, warum gekochte Tomaten gesünder als frische Tomaten sind.

* **5** Frankreich und die USA entwarfen unterschiedliche Strategien, um den Ketchupkonsum von Jugendlichen zu beeinflussen.
Notieren Sie jeweils die Strategie und ein damit verfolgtes Ziel.

Land	Strategie	Ziel
a) Frankreich		
b) USA		

6 Der amerikanische Fabrikant Henry John Heinz hatte großen Erfolg mit seinem Ketchup. Notieren Sie zwei Gründe für seinen Erfolg.

- ______________________________
- ______________________________

7 Der Erfolg des Ketchups wird eng mit der Erfindung von zwei Fast-Food-Gerichten verbunden. Ergänzen Sie dazu die folgende Tabelle.

Erfindung	Jahr	Ort	Anlass
a) Hotdog			
b)	1904		

* **8** Kreuzen Sie an, ob die folgenden Aussagen richtig oder falsch sind.

Aussage	richtig	falsch
a) Im Sommer verbrauchen die Deutschen besonders viel Ketchup.	☐	☐
b) In Deutschland werden jeden Sommer 80 000 Tonnen Ketchup verbraucht.	☐	☐
c) Ketchup wird ausschließlich aus frischen Tomaten hergestellt.	☐	☐
d) Heinz brachte als erster Ketchup in Flaschen auf den Markt.	☐	☐
e) Ketchup ist immer frei von Konservierungsstoffen.	☐	☐

* **9** Texte können unterschiedliche Funktionen erfüllen. Kreuzen Sie an, welche Funktion dieser Text vorwiegend erfüllt.

Der Text soll

a) unterhalten. ☐

b) informieren. ☐

c) appellieren. ☐

d) kommentieren. ☐

Aufgaben zum Sprachwissen und zur Sprachbewusstheit

10 Kreuzen Sie an, welcher der Sätze der Aussage des folgenden Beispielsatzes entspricht.

Eigentlich kommt Fritz vom Film.

a) Ursprünglich kommt Fritz vom Film. ☐

b) Vielleicht kommt Fritz vom Film. ☐

c) Angeblich kommt Fritz vom Film. ☐

d) Womöglich kommt Fritz vom Film. ☐

11 Ordnen Sie den folgenden Sätzen die entsprechende Begründung für die Kommasetzung zu.

1. Satzgefüge
2. Infinitivgruppe mit hinweisendem Wort
3. Satzreihe
4. Entgegenstellung

	Nummer
a) Ketchup ist nicht nur in Fast-Food-Buden ein beliebter Begleiter, sondern auch zu Fleisch vom Grill.	
b) Doch Heinz startete neu, diesmal nahm er auch Tomatenketchup in seine Produktpalette auf.	

12 Formulieren Sie den folgenden Satz in direkter Rede.

Kempf sagte, dass das keineswegs eine Marotte von ihm sei.

____

____

* **13** Das Partizip II kann unterschiedliche Funktionen erfüllen.
Kreuzen Sie die Funktion in den folgenden Sätzen an.

	Teil des Prädikats	Attribut	Modalbestimmung
a) Der Vorschlag führte zu einer erregten Diskussion.	☐	☐	☐
b) Die Gemüter sind erregt.	☐	☐	☐
c) Sie diskutieren erregt über den Vorschlag.	☐	☐	☐

14 Formulieren Sie den folgenden Satz so um, dass er ein reales Geschehen zum Ausdruck bringt.

Zwischen Currywurstessern und Feinschmeckern scheint es eine Grenze zu geben.

____

____

* **15** Kreuzen Sie an, ob die folgenden Sätze im Aktiv, Vorgangspassiv oder Zustandspassiv stehen.

	Aktiv	Vorgangspassiv	Zustandspassiv
a) Ketchup wird meistens durch Kochen hergestellt.	☐	☐	☐
b) In der Grillsaison wird er noch mehr Ketchup verkaufen.	☐	☐	☐

B 2 Smileys und Symbole – Wie Emojis unsere Kommunikation verändern (Original-Prüfungsaufgabe 2020)

Smileys und Symbole – Wie Emojis unsere Kommunikation verändern *Julia Grass*

Meine Mutter nutzt seit einiger Zeit ein Smartphone. Damit schreibt sie leidenschaftlich gerne Textnachrichten, die sie mit zahlreichen kleinen Bildchen ausschmückt. Als Gutenachtgruß bekomme ich immer einen Mond, zum Geburtstag Sektgläser und Torten, auch mal fünf hintereinander, und wenn ich ihr zu lange nicht antworte, schickt sie wortlos einen runden, roten, wütenden Smiley.
Emojis heißen diese kleinen Smileys und Symbole, und meine Mutter ist nicht die Einzige, die sie nützlich findet. Die Emojis sind schwer beliebt, spätestens seit sie 2010 weltweit normiert[1] in den sogenannten Unicode aufgenommen wurden. Der Unicode hält alle bekannten Schriftzeichen und Textelemente unterschiedlichster Sprachen fest und versieht sie mit einem digitalen Code. Deshalb können die Emojis nun auf allen Smartphones und Computern angezeigt werden und frischen die Online-Kommunikation damit auf. Der Global Language Monitor[2] will sogar festgestellt haben, dass das am häufigsten genutzte Wort 2014 ein Herz-Emoji war.
Über die Methodik der Studie ist wenig bekannt, aber der Befund stützt die Beobachtung, dass um die kleinen, meist niedlich-kindlichen Bilder mittlerweile ein regelrechter Hype entstanden ist. Schon wird die Frage laut, ob Emojis sogar so etwas wie eine neue Weltsprache darstellen. Die These klingt, zugegeben, etwas hoch gegriffen, doch erste eingefleischte Emoji-Nutzer versuchen sich bereits an der Übersetzung bekannter literarischer Werke. So wird aus Moby Dick der Titel „Emoji Dick", aus Abertausenden von kleinen Walen, Handzeichen, Telefonen, Grinsegesichtern zusammengesetzt. Und die englische Tageszeitung „The Guardian" übersetzte auf Twitter unter dem Account @emojibama eine Rede des US-Präsidenten in Emoji. Das ist natürlich spaßig gemeint. Doch für die Emojis interessiert sich mittlerweile auch die Wissenschaft.
Allgemein hat sich die Auffassung durchgesetzt, dass die kleinen Bildchen aus Japan kommen. Das stimmt jedoch nur zur Hälfte. Bei den Emojis lassen sich nämlich noch einmal zwei Unterformen definieren: Da wären zum einen die kleinen Bilder – wie der Gute-Nacht-Mond oder das Sektglas, aber auch eine ganze Reihe an Tier- und Blumensymbolen. Diese sind tatsächlich in Japan entstanden. Daneben gibt es aber auch solche Emojis, die tatsächlich Emotionen ausdrücken. Das sind die Bildchen, die wir als „Smileys" bezeichnen, mit Augen und Mund, mal lachend, mal weinend oder eben wutdampfend. Diese Unterform der Emojis nennt man Emoticons. Das Wort ist eine Mischung aus „emotion" (Gefühl) und „icon" (Bild). Diese Emoticons gibt es schon seit den Achtzigerjahren, sie entstanden ursprünglich allerdings nicht in bildhafter Form, sondern als Konstrukte aus Satzzeichen. Das bekannteste Emoticon ist :-) .
Erfunden hat die Emoticons ein US-amerikanischer Professor für Informatik, Scott Fahlman, im Jahre 1982. Fahlman stellte fest, dass es in virtuellen Diskussionen oft zu Missverständnissen kommt. Ob etwas ironisch oder ernst gemeint ist, lässt sich häufig nicht allein am Text erkennen. Fahlman schlug deshalb vor, witzig gemeinte Beiträge mit einem grinsenden Gesicht

zu markieren, eben :-), und führte für die weniger humorvollen Beiträge das Gegenstück :-(ein.

Aus ihrer Entstehungsgeschichte wird deutlich, warum Emoticons gerade in der Online-Kommunikation und SMS-Übermittlung über Smartphones und Handys so wichtig geworden sind. „Sie ersetzen das, was in einem Gespräch von Angesicht zu Angesicht normalerweise Mimik und Gestik erfüllen", sagt Anatol Stefanowitsch, Sprachwissenschaftler am Institut für Englische Philologie an der Freien Universität Berlin. Denn ein Gespräch bestehe nicht nur aus gesprochener Sprache, sondern müsse immer in einen emotionalen Kontext gesetzt werden – und dies geschehe eben hauptsächlich über Gesichtsausdrücke und Bewegungen.

Nun gab es die rein schriftliche Kommunikation auch schon vor dem Internet. Goethe und Schiller sind schließlich auch ohne Herzen und Smileys ausgekommen, und wer würde ihren Liebesbriefen oder der Lyrik von Hölderlin und Novalis die Emotion absprechen! Warum also fehlen uns heute plötzlich Gestik und Mimik in der Schriftkommunikation? Laut Anatol Stefanowitsch liegt das an der Veränderung der schriftlichen Kommunikation selbst. „Wenn Sie früher einen Brief geschrieben haben, dann haben Sie sich Zeit genommen und Ihre Gefühlszustände detailliert beschrieben. Heute kommuniziert man deutlich schneller. Wir bekommen im Minutentakt Nachrichten, antworten ebenso schnell. Das hat nicht mehr den Charakter der ursprünglichen Schriftkommunikation, sondern vielmehr den eines normalen Gesprächs, bei dem die Teilnehmer sich gegenüberstehen." Tatsächlich zeige die Forschung, dass Emoticons in der schriftlichen Kommunikation an denselben Stellen gesetzt werden, an denen man auch in einem persönlichen Gespräch lächeln, lachen oder zwinkern würde.

„Interessanterweise", sagt Stefanowitsch, „werden die klassischen Emoticons zwar als Gefühlsausdrücke interpretiert, die Verarbeitung im Gehirn findet jedoch in dem Areal statt, in dem auch Sprache verarbeitet wird – und nicht etwa in dem Teil, der für die Gesichtserkennung zuständig ist."

Diese Erkenntnis zeigt, dass die Wahrnehmung und Interpretation von Emoticons nicht instinktiv geschehen, wie etwa die Wahrnehmung eines lachenden Gesichts, sondern dass sie wie jede Sprache erlernt werden müssen. Auch meine Mutter, die Emoticon-Expertin, hat dafür eine Weile gebraucht. Als ich ihr vor Jahren den ersten Smiley schickte, fragte sie noch: „Was heißt das? Hast du dich vertippt?"

Ob sich die Verarbeitung der Emoticons ändert, nun, da sie nicht mehr nur aus Sonderzeichen bestehen, sondern als Bilder vorliegen, bleibt allerdings abzuwarten. Auch wie wir die übrigen Emojis wahrnehmen, muss noch genauer erforscht werden. Stefanowitsch vermutet, dass die emotionslosen Bildchen, anders als die Emoticons, stärker ergänzend zum Ausdruck bestimmter Themen eingesetzt werden. Der kleine Mond meiner Mutter ergänzt also ihren Gutenachtgruß nur – der rote Wut-Smiley ist dagegen auch ohne zusätzliche Worte eindeutig. „Mit den kleinen Bildchen wird noch sehr viel gespielt und ausprobiert, gerade herrscht ein regelrechter Hype darum. Ob sie allerdings genauso unersetzlich werden wie die Emoticons, bleibt abzuwarten", sagt Stefanowitsch.

Immerhin sind die Emojis mittlerweile so relevant und präsent, dass man sich Gedanken um ihre politische Korrektheit macht. Ab Juni sollen die Gesichts-Emoticons deshalb in verschiedenen Hautfarben verfügbar gemacht werden.

Und das Emoji des heterosexuellen Liebespaares wurde bei Apple bereits um zwei weitere homosexuelle Liebespaar-Emojis ergänzt.

Was sich jetzt schon zeigt, ist die Abhängigkeit der Interpretation der Bildchen vom jeweiligen kulturellen Umfeld. So ist jedem Bild im Unicode zwar eine offizielle Beschreibung zugeordnet – die reale Interpretation indes kann deutlich davon abweichen. Bestes Beispiel: Das kleine Bildchen, das der Unicode als „Kothäufchen" ausweist. Von diesem Zeichen nahm nicht nur meine Mutter zunächst an, es handle sich um lachende Schokolade.

Man ahnt, welche Tücken die Emoji- und Emoticon-Nutzung in sich birgt. Dem wichtigen Geschäftspartner schickt man besser keinen grinsenden Kothaufen – und auch keinen vermeintlich lachenden Schokokuss. Das kann peinlich werden. Wenig überraschend ist deshalb eine Studie der Erasmus-Universität in Rotterdam, die zum Ergebnis kam, dass Emojis hauptsächlich dann genutzt werden, wenn sich die Kommunikationsteilnehmer gut kennen. Frauen übrigens verwenden Emoticons laut einer Studie der US-amerikanischen Rice-Universität viel häufiger als Männer. Kommunizieren Männer aber mit Frauen, nimmt auch ihre Emoji-Nutzung deutlich zu.

Ich schreibe das meiner Mutter.

Sie meint dazu: :-) .

1 **normiert:** *hier:* vereinheitlicht

2 **Global Language Monitor:** Programm der gleichnamigen Firma zum Erfassen der verwendeten Wörter und Zeichen

Quelle: Berliner Zeitung, 23.01.2015

Aufgaben zum Leseverstehen

1 Der Text beginnt mit den Worten „Meine Mutter nutzt ...".
Notieren Sie, wessen Mutter gemeint ist.

____

2 Die Zeilen 1 bis 4 stellen die Einleitung des Textes dar.
Kreuzen Sie an, welche Funktion die Einleitung erfüllt.

a) Sie veranschaulicht das Thema. ☐
b) Sie ruft Emotionen hervor. ☐
c) Sie provoziert. ☐
d) Sie problematisiert das Thema. ☐

3 Vervollständigen Sie die folgende Tabelle zur Unterscheidung der Emojis anhand des Textes.

Oberbegriff	Emojis	
Unterteilung	emotionslose Bildchen	Emoticons
a) Beispiel	Torte	
b) Ursprungsland		

4 Notieren Sie, warum die Emoticons erfunden wurden.

____

★ **5** Notieren Sie, welche Funktion die emotionslosen Bildchen laut dem Sprachwissenschaftler Stefanowitsch erfüllen.

★ **6** Die schriftliche Kommunikation hat sich durch die Nutzung des Internets verändert. Notieren Sie eine der im Text dargestellten Folgen dieser Veränderungen.

★ **7** Notieren Sie, wovon die Interpretation der Bildchen abhängig ist.

8 Notieren Sie,

a) was im Unicode festgehalten wird.

b) welchen Vorteil die Aufnahme in den Unicode bietet.

9 Kreuzen Sie an, ob die folgenden Aussagen richtig oder falsch sind.

Aussage	**richtig**	**falsch**
a) Emojis werden von allen Nutzern gleich interpretiert.	☐	☐
b) Frauen nutzen viel häufiger Emojis als Männer.	☐	☐
c) Texte können durch Emojis dargestellt werden.	☐	☐
d) Alle Emojis stehen für Gefühle.	☐	☐
e) Scott Fahlman erfand die Emoticons.	☐	☐

★ **10** Leiten Sie aus dem Text eine Empfehlung für den Umgang mit Emojis in offiziellen Schreiben ab.

11 Im Text verweist die Autorin mehrfach auf ihre Mutter.
Kreuzen Sie an, ob die folgenden Aussagen richtig oder falsch sind.

Aussage	**richtig**	**falsch**
a) Das Beispiel der Mutter gibt dem Text einen inhaltlichen Rahmen.	☐	☐
b) Das Beispiel der Mutter veranschaulicht das Thema.	☐	☐
c) Das Beispiel der Mutter lenkt vom Thema ab.	☐	☐
d) Das Beispiel der Mutter hat eine unterhaltende Funktion.	☐	☐

AUFGABEN zum Sprachwissen und zur Sprachbewusstheit

* **12** Notieren Sie für das Wort „Tücken" im folgenden Satz ein Synonym.

Man ahnt, welche Tücken die Emoji-Nutzung mit sich bringt.

___

* **13** Kreuzen Sie an, welcher Satz der Aussage des folgenden Satzes entspricht.

Emojis frischen die Online-Kommunikation auf.

a) Emojis muntern die Online-Kommunikation auf. ☐
b) Emojis beleben die Online-Kommunikation. ☐
c) Emojis kurbeln die Online-Kommunikation an. ☐
d) Emojis verstärken die Online-Kommunikation. ☐

14 Ordnen Sie die folgenden Fremdwörter den deutschen Bezeichnungen zu.

Hype
Methode
Kommunikation
Kontext

deutsche Bezeichnung	Fremdwort
a) Verständigung	
b) Zusammenhang	
c) übersteigertes Interesse	
d) Vorgehensweise	

15 Ordnen Sie die folgenden Wörter in die Tabelle ein.

feststellen zahlreich verarbeiten lesbar ursprünglich Schokokuss

Ableitung	Kompositum

16 Formen Sie das folgende Satzgefüge so um, dass der Nebensatz dem Hauptsatz nachgestellt ist.

Wie wir die Emojis wahrnehmen, muss noch genauer erforscht werden.

___

___

* **17** Formen Sie den folgenden Satz in einen Passivsatz um.

Die Emoticons hat ein amerikanischer Professor erfunden.

___

___

18 Notieren Sie aus dem folgenden Satz zwei Alliterationen.

Sie sendet wortlos einen wütenden, runden, roten Smiley.

- ___
- ___

* **19** Formen Sie den folgenden Satz so um, dass er kein Partizip enthält.

Das sind die Bildchen mit lachendem Mund.

___

___

Quelle: Shutterstock/Air Images

C Aufgaben zum Leseverstehen und Sprachwissen – literarische Texte

C 1 Apfel auf silberner Schale (Hans Joachim Schädlich)

TIPP Während des Lesens

Unterstreiche Schlüsselbegriffe und Namen. Mache dir kurze Notizen zum Inhalt. Markiere die Absätze, indem du sie nummerierst oder mit Trennstrichen kennzeichnest.

Apfel auf silberner Schale *Hans Joachim Schädlich*

Bine wollte raus am Sonntag. Ich? Hatte selber Frischluft nötig. Also wir los. Ich kenn 'ne Obstplantage, um die Zeit is da keiner. So halb aufm Berg, mit Fernblick auf die LPG[1], da kannste stundenlang in der Sonne liegen. Haste Kohldampf, schüttelste 'n Baum. Brauchst die Vitamine bloß aufsammeln. Gras gibt's auch, schön weich. Wir also 'n ganzen Tag Adam und Eva. So zwischen fünfe sind wir abgehauen. Bine wollte noch tanzen gehen. Bloß, es fuhr kein Bus. Wir stehen und stehen.

Lieber zelt ich hier als jetzt tippeln, sagt Bine.

Die braucht nich lange warten. Hält so 'n Typ mit 'm blauen Fiat, Marke Polski. Bine sitzt schon halb, da komm ich.

Na schön, sagt der.

Bine vorn, ich hinten. Stellt sich raus, der Clown fährt gar nich in die Stadt. Is bestimmt 'ne Finte, denk ich, und siehste, der muss auf seine, sagt der doch tatsächlich Datsche. Schönschön, Bine in der Laube von dem Onkel da, aber ich bin auch noch hier, was hat sich denn die Halbglatze ausgedacht?

Die Zweitwohnung von dem hättste sehen sollen, Mensch. Ich dacht immer, so was gibt's bloß hinter der Grenze, wo das andere Land wuchert, 'ne komplette Villa am See. Ich erst mal rein und das ganze Ding abgeleuchtet. Ich musste immer an Kutte denken, wie der wohnt mit seinen Wurzeln.

Dieser aufgeschwemmte Komiker grinst bloß, schenkt uns was ein, Whisky, für achtzig Mark die Flasche oder von drüben, und Bine, das Stück, tut glatt, als kotzt sie der ganze Mist nich an. Aalt sich im Ledersessel, der Onkel schmeißt seine Anlage an, 'ne original Rhythmusmaschine, Platten hat er auch, viel zu schade für den, und Bine hilft sich hoch, Zigarette zwischen den Zähnen, und tanzt, solo.

Öde. Ich geh auf die Terrasse, die Tür lass ich offen, bisschen atmen. Mal sehen, was der Bootsschuppen macht, ich steig runter, vielleicht rudern, is aber alles dicht. Ich steh so am Ufer, eine rauchen.

Wieder zurück, Musik is immer noch, ich komm rein, sitzt doch Bine auf dem Clown sei'm Schoß. Wenn ich dadran denk, kommt mir wieder der Kaffee hoch. Ich sag, Bine, lass den Sabbel, wir ziehen jetzt Leine.

Aber denkste. Die rotzfrech, sagt, Käs nich rum, gib mir lieber 'ne Zigarette. Und jetzt auch der Komiker, Nimm dir was zu trinken, Junge, schieß doch nich quer, ihr könnt hier übernachten, undsoweiter. Nach jedem zweiten Wort kullert der die ganz irre an.

Ich sag noch mal, Der geht mir auf 'n Senkel, was willst du denn mit so 'm verschimmelten Affengesicht.

Aber Bine sagt bloß, Mensch, mir schießt gleich 's Wasser in de Augen. Lass

mich doch. Mir gefällt's hier. Noch drei Jahre, und ich seh aus wie 'n alter Apfel. Dann kann ich immer noch unterm Baum liegen.
Ich steh so da und krieg 'ne unheimliche Wut. Bine links und rechts 'n paar kleben, dem Onkel mit 'm Kaminhaken eins über die Rübe, die ganze Bude in Klump hauen, die Gläser, die Fensterscheiben, rumbrüllen, dass die Scherben klirren, das war jetzt fällig.
Plötzlich denk ich, Mann, den ganzen Scheiß muss ich schon mal irgendwo im Kino gesehen haben. Lieber lauf ich die ganze Nacht als noch drei Sekunden bleiben.
Ich reiß die Tür auf und raus, raus hier.
Bine hab ich sofort vergessen. Und ihr neuer Typ, so was is für mich gestorben, aber das lebt.

1 die LPG: landwirtschaftliche Produktionsgenossenschaft

Quelle: Hans Joachim Schädlich: Versuchte Nähe. Reinbek: Rowohlt 1977, S. 198

Aufgaben zum Leseverstehen

TIPP zu den Antworten

Notiere deine Antwort knapp, aber verständlich. Manchmal genügt ein Wort, manchmal musst du einen vollständigen Satz formulieren.

1 An welchem Wochentag spielt die Geschichte?

____

2 Notiere, warum die Jugendlichen nicht in die Stadt zurückfahren können.

____

3 Was für ein Auto fährt der Mann?

____

4 Wohin fährt der Mann mit den Jugendlichen?

a) in seine Datsche ☐
b) in die Stadt ☐
c) zur nächsten Bushaltestelle ☐

5 Die Geschichte spielt in ...

a) Polen ☐
b) der Bundesrepublik Deutschland ☐
c) der Deutschen Demokratischen Republik ☐
d) Italien ☐

6 Der Autofahrer ist von Beruf ...

a) Clown ☐ b) Vertreter ☐ c) Komiker ☐ d) sein Beruf ist unbekannt ☐

7 Der Autofahrer hat anscheinend ...

a) eine Halbglatze ☐ b) eine Glatze ☐ c) langes Haar ☐

8 Was schenkt der Autofahrer den Jugendlichen zu trinken ein?

___

* **9** Erkläre den Satz: „Ich dacht immer, so was gibt's bloß hinter der Grenze, wo das andere Land wuchert" (Zeile 16 f.).

___

___

10 Die Geschichte wird erzählt von einem ...

a) auktorialen Erzähler. ☐
b) Ich-Erzähler. ☐
c) personalen Erzähler. ☐

TIPP zu 10

Nutze das Glossar, um die verschiedenen Erzählperspektiven zu unterscheiden.

11 Wie erzählt der Erzähler die Geschichte?

a) sachlich ☐
b) ironisch ☐
c) fantastisch ☐
d) subjektiv ☐

12 Notiere zwei Sätze, an denen die Art und Weise des Erzählens besonders deutlich wird.

___

___

___

___

___

13 a) Beschreibe, wie sich der Junge gegenüber dem Autofahrer verhält.

___

___

___

b) Wie reagiert der Autofahrer auf das Verhalten des Jungen?

___

___

___

___

___

* **14** Beschreibe, wie die Beziehung des Jungen zu dem Mädchen am Anfang der Erzählung ist und wie am Ende.

15 Erläutere, wie das Mädchen mit dem Jungen umgeht.

16 Notiere zwei Sätze, an denen ihr Verhalten dem Jungen gegenüber deutlich wird.

* **17** Entscheide dich für eine Aussage und begründe deine Wahl.

a) Der Junge hat sich sehr unhöflich und unreif gegenüber dem Mädchen und dem Mann verhalten. Er hat Glück gehabt, dass er nicht herausgeworfen wurde.

b) Der Junge hat richtig gehandelt, als er gegangen ist. Er hat so seine Freiheit und Würde bewahrt und sich nicht von dem Mann kaufen lassen.

* **18** Untersuche die folgenden Sätze und erkläre, wie du sie verstehst:

a) Mir gefällt's hier. Noch drei Jahre, und ich seh aus wie 'n alter Apfel. Dann kann ich immer noch unterm Baum liegen. (Zeile 39 f.)

b) Bine hab ich sofort vergessen. Und ihr neuer Typ, so was is für mich gestorben, aber das lebt. (Zeile 49 f.)

Aufgaben zum Sprachwissen und zur Spachbewusstheit

19 Der Erzähler verwendet häufig umgangssprachliche Wörter und Redewendungen. Übersetze die folgenden Begriffe und Sätze in Standarddeutsch:

a) Kohldampf (Zeile 4)

___

* b) Brauchst die Vitamine bloß aufsammeln. (Zeile 4)

___

___

c) So zwischen fünfe sind wir abgehauen. (Zeile 5 f.)

___

d) Ich erst mal rein und das ganze Ding abgeleuchtet. (Zeile 18)

___

___

e) als kotzt sie der ganze Mist nich an (Zeile 21 f.)

___

f) Bine hilft sich hoch, Zigarette zwischen den Zähnen, und tanzt, solo. (Zeile 24 f.)

___

___

g) is aber alles dicht (Zeile 27 f.)

___

h) sitzt doch Bine auf dem Clown sei'm Schoß (Zeile 29 f.)

___

* i) lass den Sabbel, wir ziehen jetzt Leine. (Zeile 31)

___

j) Aber denkste. Die rotzfrech, sagt, Käs nich rum, gib mir lieber 'ne Zigarette. (Zeile 32)

___

___

* k) Nach jedem zweiten Wort kullert der die ganz irre an. (Zeile 34 f.)

___

___

20 Kreuze an, mit welchem Wort man den Ausdruck „tippeln“ (Zeile 8) am besten erklären kann.

a) lange Wege gehen ☐
b) per Anhalter fahren ☐
c) warten ☐
d) einschlafen ☐

* **21** Kreuze an, mit welchem Wort man den Begriff „Finte“ (Zeile 13) am besten erklären kann.

a) Fährte ☐
b) Trick ☐
c) Vergesslichkeit ☐
d) Gewohnheit ☐

* **22** Erkläre, was eine Datsche ist (Zeile 14).

____

____

23 Kreuze an, was mit dem Wort „aufgeschwemmt“ (Zeile 20) gemeint ist:

a) dick ☐
b) verschwommen ☐
c) stark geschminkt ☐
d) verwässert ☐

24 Die Geschichte bildet viele Wörter so ab, wie sie gesprochen werden. Übertrage die Wörter in Schriftsprache.

Mündliche Schreibung im Text	Schriftsprache
aufm Berg (Z. 2)	
Hält so 'n Typ (Z. 9)	
undsoweiter (Z. 34)	
auf 'n Senkel (Z. 36)	
mir schießt gleich 's Wasser in de Augen (Z. 38)	

25 Ergänze im folgenden Textauszug die Zeichen der wörtlichen Rede.

Ich sag, Bine, lass den Sabbel, wir ziehen jetzt Leine.
Aber denkste. Die rotzfrech, sagt, Käs nich rum, gib mir lieber 'ne Zigarette. Und jetzt auch der Komiker, Nimm dir was zu trinken, Junge, schieß doch nich quer, ihr könnt hier übernachten, undsoweiter. Nach jedem zweiten Wort kullert der die ganz irre an.
Ich sag noch mal, Der geht mir auf 'n Senkel, was willst du denn mit so 'm verschimmelten Affengesicht. Aber Bine sagt bloß, Mensch, mir schießt gleich 's Wasser in de Augen. Lass mich doch. Mir gefällt's hier. Noch drei Jahre, und ich seh aus wie 'n alter Apfel. Dann kann ich immer noch unterm Baum liegen.

26 In welchem Tempus (Zeitform) ist der Text hauptsächlich verfasst?

a) Präsens ☐
b) Perfekt ☐
c) Präteritum ☐
d) Plusquamperfekt ☐
e) Futur I ☐

C 2 Annähernd Alex (Original-Prüfungsaufgabe 2019)

Annähernd Alex *Jenn Bennett*

Er könnte irgendeiner von den Leuten hier sein. Schließlich habe ich keine Ahnung, wie Alex aussieht. Ich weiß nicht mal seinen richtigen Namen. Na ja, wir chatten seit Monaten, ich weiß ein paar wichtige Sachen. Er ist klug und lieb und lustig und wir haben gerade beide die Elfte abgeschlossen. Wir haben dieselbe Leidenschaft – alte Filme. Wir sind beide gern allein. Wenn das alles wäre, was wir gemeinsam haben, wäre ich nicht so durch den Wind. Aber Alex lebt in derselben Stadt wie mein Vater, und das macht die Sache … kompliziert.

Denn während ich gerade in einem kalifornischen Flughafen die Rolltreppe hinunterfahre, Fremde beobachte, die in die entgegengesetzte Richtung schweben, begebe ich mich in die grundsätzliche Nähe von Alex und in meinem Kopf findet ein Gefecht zwischen endlosen Möglichkeiten statt. Ist Alex klein? Groß? Schmatzt er oder hat er irgendeinen nervigen Lieblingsspruch? Popelt er in der Öffentlichkeit in der Nase? Hat er statt Armen bionische Tentakel? (Merken: Kein Ausschlusskriterium!)

Tja. Den wirklichen Alex zu treffen könnte super sein, aber ebenso gut eine fette peinliche Enttäuschung. Und genau aus diesem Grund bin ich nicht sicher, ob ich wirklich mehr über ihn erfahren will.

Wisst ihr, eigentlich gehe ich prinzipiell jeder Konfrontation aus dem Weg. Schon immer. Dass ich jetzt, eine Woche nach meinem siebzehnten Geburtstag, auf die andere Seite des Landes fliege, um zu meinem Vater zu ziehen, hat nichts mit Mut zu tun. Es ist eine Meisterleistung an Vermeidung.

Ich heiße Bailey Rydell und ich bin eine notorische[1] Vermeiderin. Als meine Mutter meinen Vater gegen Nate Catlin von Catlin & Partner eingetauscht hat – ich schwör's, so stellt er sich allen Ernstes vor – bin ich nicht wegen der Versprechungen bei ihr geblieben: neue Klamotten, ein eigenes Auto, eine Reise nach Europa. Alles schön, aber nichts davon war mir wirklich wichtig. (Oder ist wirklich eingetreten. Aber das nur am Rande.) Sondern weil ich nicht wusste, wie ich mich meinem Vater gegenüber verhalten sollte, während er sich an sein neues Leben als sitzengelassener Ehemann gewöhnte. Es hatte auch nichts damit zu tun, dass er mir nichts bedeuten würde. Eher im Gegenteil. Aber in einem Jahr kann sich vieles ändern, und da sich Mom und Nate mittlerweile ununterbrochen streiten, ist es für mich an der Zeit, von der Bildfläche zu verschwinden. Das ist schließlich die Grundregel einer Vermeiderin: Man muss flexibel sein und wissen, wann Abflug angesagt ist, bevor am Ende alles zu verfahren wird. Das ist angenehmer für alle Beteiligten, echt. Ich will für alle nur das Beste.

Nachdem ich mein Gepäck vom Laufband genommen habe, spähe ich durch die automatischen Türen, hinter denen mein Vater mich erwartet. Ich halte mich gut verborgen hinter einem sonnigen California-Dreamers!-Aufsteller (den das Tourismusbüro hilfreicherweise aufgestellt hat, falls jemand vergessen haben sollte, wo das Flugzeug gelandet ist). Das Wichtigste, um unangenehme Situationen zu vermeiden, ist der Präventivschlag: Sorgt dafür, dass ihr die anderen als Erste seht. Und bevor ihr mich der Feigheit bezichtigt, denkt noch mal darüber nach. Es ist nicht einfach, so neurotisch zu sein. Es erfordert

Planung und gute Reflexe. Einen undurchsichtigen, verschlagenen Charakter. Meine Mutter sagt immer, ich würde eine 1a-Taschendiebin abgeben, denn bevor jemand „Wo ist meine Brieftasche?" rufen kann, bin ich schon verschwunden. Wie der Artful Dodger, der Meisterdieb aus Oliver Twist, der sich aus jeder Schwierigkeit herauslaviert. Das bin ich.

Und da drüben ist mein Vater, der alte Schlawiner[2]. Der Artful Dodger senior. Wie gesagt, ich habe ihn vor einem Jahr das letzte Mal getroffen, und der dunkelhaarige Mann, der im schrägen Strahl der frühen Nachmittagssonne steht, ist anders, als ich ihn in Erinnerung habe. Dass er schlank und durchtrainiert ist, überrascht mich nicht. Ich habe seinem neuen fitnessstudiogestählten Körper jede Woche Beifall gezollt, wenn er beim Skypen stolz seine Arme präsentiert hat. Die dunkleren Haare sind auch nichts Neues; ich habe ihn weiß Gott oft genug damit aufgezogen, dass er versucht, die letzten paar Jahre seiner Vierziger ungeschehen zu machen, indem er das Grau wegfärben lässt. Aber während ich ihn heimlich und gründlich aus meinem Versteck beobachte, wird mir bewusst, dass ich nicht erwartet hatte, mein Vater würde so ... glücklich aussehen. Vielleicht wird es doch nicht so kompliziert. Tief Luft holen. Als ich aus meinem Versteck herauskomme, liegt ein Grinsen auf seinem Gesicht. „Mink", sagt er – das ist mein alberner pubertärer Spitzname. Es stört mich nicht, er ist der Einzige, der mich so nennt (abgesehen von online-Freunden), und alle anderen in der Ankunftshalle sind sowieso zu sehr damit beschäftigt, ihre eigenen verwandten Fremden zu begrüßen, anstatt sich um uns zu kümmern. Bevor ich etwas dagegen tun kann, nimmt mich mein Vater in die Arme und drückt mich so fest, dass meine Rippen knacken. Wir sind beide ein bisschen gerührt. Ich schlucke den Kloß in meinem Hals herunter und zwinge mich, Haltung zu bewahren. „Wow, Bailey." Er mustert mich scheu. „Du bist ja richtig erwachsen."

„Du kannst mich gern als deine jüngere Schwester ausgeben, falls du sonst vor deinen Science-Fiction-Nerdkumpels zu alt aussiehst", spotte ich, um uns beiden die Verlegenheit zu nehmen, und tippe auf den Roboter auf seinem Alarm-im-Weltall-Shirt. „Niemals. Du bist mein größter Erfolg."

Argh. Es ist mir peinlich, wie geschmeichelt ich mich fühle, und mir fällt keine schlagfertige Antwort ein. Es endet damit, dass ich ein paarmal seufze. Als er mir einige dunkle Strähnen meines Pagenkopfs[3] hinters Ohr schiebt, zittern seine Finger. „Ich freu mich so, dass du hier bist. Du bleibst doch, oder? Du hast während des Flugs nicht deine Meinung geändert?"

„Wenn du glaubst, dass ich freiwillig in diesen Karatekampf zurückkehre, den sie Ehe nennen, kennst du mich wirklich schlecht." Er kann seine Schadenfreude kaum verbergen und ich muss unwillkürlich zurücklächeln. Er umarmt mich noch einmal, aber jetzt ist das in Ordnung. Der schlimmste Teil der verlegenen Begrüßungsszene ist vorbei.

„Komm, wir fahren. Dann kannst du vergleichen, ob es draußen so aussieht, wie die Werbung dir vormachen wollte", sagt er und schaut vielsagend zu dem California-Dreamers!-Aufsteller; eine Augenbraue ist hochgezogen.

Ups. Hätte ich mir ja denken können. Ein listiger Artful Dodger lässt sich nicht überlisten.

Nach einer Kindheit an der Ostküste, während der meine weiteste Reise in den Westen bisher eine Klassenfahrt nach Chicago war, ist es merkwürdig, ins helle Sonnenlicht hinauszutreten, unter diesen riesigen, so was von blauen

Himmel. Es wirkt flacher hier ohne all die dichten Baumkronen der nördlichen Ostküste, die den Horizont verdecken – so flach, dass ich rings um das Silicon Valley die Ausläufer der Berge erkennen kann. Da ich nach San José geflogen bin, die einzige große Stadt in der Nähe, haben wir zum neuen Haus meines Vaters an der Küste noch eine Dreiviertelstunde Fahrt vor uns. Nicht gerade eine Strafe, vor allem nicht, als ich sehe, dass wir in einem glänzenden blauen Sportwagen mit heruntergeklapptem Verdeck fahren werden. Mein Vater ist Wirtschaftsprüfer. Früher fuhr er eine Familienkutsche. In Kalifornien hat sich das offenbar geändert. Was noch? „Ist das dein Auto für die Midlife-Crisis?“, frage ich, als er den Kofferraum aufschließt, damit ich mein Gepäck verstauen kann. Er kichert. Klarer Fall. „Steig ein“, sagt er und wirft einen Blick auf sein Handy. „Und bitte schreib deiner Mutter eine Nachricht, dass du nicht bei einem Flugzeugabsturz im Flammeninferno umgekommen bist, sonst nervt sie mich endlos weiter.“

„Zu Befehl, Captain Pete.“

„Dumme Nuss.“

„Spinner.“

Er rempelt mich mit der Schulter an und ich remple zurück, und von einem Moment auf den anderen ist wieder alles wie früher. Zum Glück. Sein neuer (alter) Wagen riecht nach dem Zeug, mit dem irgendwelche Pedanten Leder einsprühen; auf dem Boden stapeln sich ausnahmsweise keine Buchhaltungsunterlagen, offenbar werde ich bevorzugt behandelt. Als er den abartig lauten Motor aufheulen lässt, schalte ich zum ersten Mal seit der Landung mein Telefon ein. Nachrichten von Mom: vier.

Während wir aus dem Flughafenparkhaus fahren, antworte ich das Allernotwendigste. Allmählich lässt der Schock über das, was ich getan habe, nach – verdammte Scheiße, ich bin gerade auf die andere Seite des Landes gezogen. Ich versuche mir einzureden, das sei keine große Sache. Immerhin habe ich dank Nate & Partner und Mom schon vor ein paar Monaten die Schule gewechselt, als wir von New Jersey nach Washington D.C. gezogen sind. Und musste deshalb keine Freundschaften dort zurücklassen, in die ich nennenswert investiert hätte. In einen Freund hatte ich auch nicht investiert. Doch als ich die Nicht-Notfall-Nachrichten auf meinem Telefon durchgehe, sehe ich eine von Alex auf der Filmseite und werde wieder nervös, weil ich nun in derselben Stadt bin. […]

1 notorisch: *hier:* ständige **2 der Schlawiner:** *hier:* pfiffiger Mensch **3 der Pagenkopf:** Kurzhaarfrisur

Quelle: Bennett, Jenn: Annähernd Alex. Carlsen-Königskinder 2016. S. 6 ff. – Übersetzung: Claudia Max

Aufgaben zum Leseverstehen

1 Ergänzen Sie die Informationen zur Erzählerin.

a) Vor- und Nachname	
b) Spitzname	
c) Alter	
d) letzter Wohnort	
e) Leidenschaft	

★ **2** Notieren Sie einen Grund, warum sich die Erzählerin auf dem Flughafen zunächst vor ihrem Vater versteckt.

___

___

___

★ **3** In Zeile 85 f. heißt es:
„Der schlimmste Teil der verlegenen Begrüßungsszene ist vorbei."
Notieren Sie aus den Zeilen 69 – 81 jeweils einen Textbeleg für die Verlegenheit des Vaters und die Verlegenheit der Tochter.

	Textbeleg
a) Vater	
b) Tochter	

4 Die Lebensumstände des Vaters haben sich seit der Trennung von seiner Frau verändert. Ergänzen Sie dazu die Tabelle.

	Lebensumstände	
	vor der Trennung	nach der Trennung
a) Wohngegend		
b) Auto		

★ **5** Die Erzählerin hat nicht erwartet, ihren Vater so glücklich zu sehen. Notieren Sie, welche Hoffnung sie damit verbindet.

___

___

___

___

___

★ **6** Die Erzählerin bezeichnet sich als notorische Vermeiderin. Notieren Sie zwei Handlungen bzw. Verhaltensweisen, die diesen Charakterzug verdeutlichen.

- ___
- ___

7 Die Ich-Erzählerin vergleicht sich und ihren Vater mit einer literarischen Figur.
Notieren Sie
a) den Namen der Figur.
* b) die Eigenschaft der Figur, die sie auf sich und ihren Vater bezieht.

a) ______________________________

b) ______________________________

* **8** Der Vater hat seine Tochter in ihrem Versteck beobachtet, ohne dass diese es bemerkt.
Notieren Sie ein Beispiel, das verdeutlicht,
a) dass der Vater seine Tochter bereits gesehen hat.
b) dass die Tochter das erkennt.

a) ______________________________

b) ______________________________

9 Kreuzen Sie an, ob die folgenden Aussagen über die Beziehung der Erzählerin zu Alex richtig oder falsch sind.

Aussage	richtig	falsch
a) Sie hat Alex über das Internet kennengelernt.	☐	☐
b) Sie hat bereits ein Foto von Alex gesehen.	☐	☐
c) Sie besucht dieselbe Klasse wie Alex.	☐	☐
d) Sie chattet seit Jahren mit Alex.	☐	☐

10 Die Zeitgestaltung stellt ein Element der Erzähltechnik dar.
Ordnen Sie dem Beispiel die entsprechende Art der Zeitgestaltung zu.

1. Zeitraffung
2. Zeitdeckung
3. Rückblende

	Nummer
„Du bist ja richtig erwachsen.“ „Du kannst mich gern als deine jüngere Schwester ausgeben, ...“ (Z. 72f.)	

Aufgaben zum Sprachwissen und zur Sprachbewusstheit

11 Notieren Sie den folgenden Satz in Standardsprache.

Alex zu treffen könnte eine fette peinliche Enttäuschung werden.

____

____

____

____

____

12 Der Text enthält Merkmale mündlicher Kommunikation.
Ergänzen Sie die Tabelle mithilfe der Zeilen 25 – 30.

Merkmal mündlicher Kommunikation	Beispiel aus dem Text
a) Auslassen von Buchstaben	
b) Ellipse/unvollständiger Satz	

13 Kreuzen Sie die Bedeutung des unterstrichenen Wortes in der folgenden Wortgruppe an.

einen <u>verschlagenen</u> Charakter haben

a) verängstigt ☐
b) schlagfertig ☐
c) aggressiv ☐
d) hinterlistig ☐

* **14** Formen Sie den folgenden Satz so um, dass er Gleichzeitigkeit zum Ausdruck bringt.

Nachdem ich mein Gepäck vom Laufband genommen habe, spähe ich durch die automatischen Türen.

____

____

____

15 Formulieren Sie den folgenden Satz mithilfe von Modalverben

a) als Wunsch.
b) als Erlaubnis.
c) als Aufforderung.

Ich verstaue mein Gepäck im Kofferraum.

a) ______________________________________

b) ______________________________________

c) ______________________________________

* **16** Notieren Sie aus dem folgenden Satz jeweils ein Partizip I und ein Partizip II.

Mein Vater, einen glänzenden blauen Sportwagen mit heruntergeklapptem Verdeck fahrend, lächelt verzückt.

a) Partizip I	
b) Partizip II	

C 3 Röslein stach (Original-Prüfungsaufgabe 2020)

Röslein stach *Susanne Mischke*

Bis zu diesem Morgen war Antonias Leben so zäh verlaufen wie ein langweiliger Schwarz-Weiß-Film. Doch nun saß sie am Frühstückstisch und brachte vor Aufregung keinen Bissen hinunter. Gerade verabschiedete ihre Mutter Ralph mit Küsschen rechts, Küsschen links und noch einem Küsschen auf den Mund. Antonia schüttelte sich innerlich bei dem Gedanken, wie man einen Mann wie Ralph – wenig Haar, wenig Kinn, viel Bauch – küssen konnte. Sie wartete, bis sie seinen Wagen wegfahren hörte. Zum Glück würden sie ihn für den Rest der Woche los sein, er reiste zu einer Messe nach Berlin. So musste Antonia es erst einmal nur mit ihrer Mutter aufnehmen. Sie trank einen Schluck Kaffee, nahm ihren ganzen Mut zusammen und sagte: „Mama, ich will ausziehen!"
Noch während sie es aussprach, wurde ihr mulmig zumute. Sie hatte sich auf sehr dünnes Eis gewagt. Aber jetzt gab es kein Zurück mehr.
Ihre Mutter, die gerade Ralphs marmeladenverschmierten Teller abräumte und in die Spülmaschine stellte, richtete sich auf und drehte sich zu ihrer Tochter um, eine tiefe Falte zwischen ihren Augenbrauen. „Wie bitte? Was ist denn das für ein Unsinn?"
Mit einer Reaktion wie dieser hatte Antonia gerechnet, dennoch merkte sie, wie sich ein Kloß in ihrer Kehle bildete. Nicht heulen, beschwor sie sich, jetzt bloß nicht losheulen! Sie hatte sich fest vorgenommen, während des folgenden Gesprächs vernünftig und ruhig zu bleiben, damit ihre Mutter sie ernst nehmen würde. Aber in letzter Zeit fiel es ihr immer schwerer, sich zu beherrschen, egal, ob es um eine neue Klamotte oder die Erlaubnis für eine Party ging, die sie sich erstreiten musste. Ungewollt und überfallartig stiegen beim geringsten Anlass diese verdammten Tränen in ihr hoch. Das Fatale daran war, dass ihre Mutter und Ralph ihr unterstellten, das Weinen wäre eine Masche von ihr, um ihren Willen durchzusetzen. Und natürlich schalteten sie dann erst recht auf stur. Doch obwohl Antonia klar war, dass die Heulerei alles nur verschlimmerte, war sie völlig machtlos dagegen.
Auch jetzt hatte ihre Stimme schon wieder diesen verdächtigen, zittrigen Unterton. „Ich will ausziehen. Ich will nicht jeden Morgen eine Dreiviertelstunde bis zur Schule fahren."
Nach den Sommerferien würde Antonia in die elfte Klasse kommen. Antonias jetzige Schule besaß jedoch keine Oberstufe. Die meisten ihrer Mitschüler, die das Abitur machen wollten, würden dafür ab August in die nächstgelegene Gesamtschule am Stadtrand Hannovers gehen, was jeden Tag eine umständliche Fahrt mit Bus und S-Bahn bedeutete.
„Was willst du dann? Die Schule schmeißen? Bei deinen guten Noten?"
„Ich möchte die Oberstufe am Helene-Lange-Gymnasium in Hannover-Linden besuchen und dort will ich auch wohnen." So, jetzt war es raus. Antonia fühlte sich, als hätte man ihr gerade eine schwere Last abgenommen.
Doris Reuter sah ihre Tochter an. In ihrem Blick lagen Verwirrung, Zorn und – was war das – Angst? Dann schüttelte sie den Kopf und lachte bitter auf. „Und woher soll ich das Geld nehmen, um dem Fräulein eine Stadtwohnung zu finanzieren? Sehe ich aus wie eine Millionärin?"
Nein, wie eine Millionärin sah ihre Mutter wirklich nicht aus. Ihre Jeans und

das T-Shirt hatten schon deutlich bessere Zeiten gesehen und ihr dunkles Haar, dem die Dorffriseurin einen rigorosen Kurzhaarschnitt verpasst hatte, müsste mal wieder nachgefärbt werden. Auch sonst ging es in der Familie nicht luxuriös zu: Die Lebensmittel stammten von Aldi, auch Antonias heiß geliebtes Toastbrot, und das hässliche kleine Haus, in dem sie lebten, gehörte Ralph. Ralph mit ph. Ein Name, der klang wie das Geräusch, das entsteht, wenn eine Hängematte reißt. Ralph war der Mann ihrer Mutter. So nannte ihn Antonia in Gedanken: Der Mann meiner Mutter. Nicht etwa Papa, was ihm sicher gefallen hätte, zumindest hatte er es ihr angeboten. Aber sie wollte die vertrauliche Anrede für ihren richtigen Vater reservieren, auch wenn sie keine Ahnung hatte, wo dieser sich aufhielt, ob er noch lebte und ob er überhaupt von ihrer Existenz wusste. Antonia war sicher, dass er eines Tages auftauchen würde. Zumindest verging kein Tag, an dem sie nicht an ihn dachte, fiktive Lebensläufe für ihn entwarf und sich den Moment ihrer Begegnung in rosaroten Tönen ausmalte. Ihre Mutter hüllte sich, was das Thema Vaterschaft anging, in Schweigen. Je bohrender Antonias Fragen mit den Jahren geworden waren, desto ablehnender hatte sie reagiert.

Antonia jedoch fühlte sich wie ein Puzzle, bei dem die Hälfte der Teile fehlte. Nicht einmal ein Foto hatte sie von ihrem Erzeuger. Vermutlich hatte sie dessen Haar- und Augenfarbe geerbt, denn in der Familie ihrer Mutter hatte niemand rötliches Haar und blaugrüne Augen. Der Rest aber war wie eine Leinwand, auf die man nach Belieben Bilder malen konnte.

Vor fünf Jahren hatten sich Antonias Mutter Doris und Ralph Reuter kennengelernt und kurz darauf waren Antonia und ihre Mutter zu ihm aufs Dorf gezogen, wo er bei einer Reparaturwerkstatt für Landmaschinen arbeitete. Antonia, die bis dahin ihre Kindheit in der Südstadt von Hannover verbracht hatte, hatte sich mit allen Mitteln dagegen gewehrt. Sie wollte nicht in eine andere Schule, wollte nicht von ihren Freundinnen getrennt werden und schon gar nicht auf dieses langweilige Dorf ziehen. Und am allerwenigsten wollte sie unter einem Dach mit Ralph leben. Sogar in einen Hungerstreik war sie getreten, den sie immerhin vier Tage durchgehalten hatte. Vergeblich.

„Du gewöhnst dich schon an die neue Umgebung, es ist doch schön da draußen, kein Lärm, kein Gestank. Wir werden einen Garten haben, du wirst neue Freunde finden und Ralph hat dich wirklich gern. Gib ihm wenigstens eine Chance“, hatte ihre Mutter sie gebeten. Bald nach dem Umzug hatten Doris und Ralph geheiratet, was Antonia mit gemischten Gefühlen zur Kenntnis genommen hatte. Ralph hatte sogar vorgeschlagen, sie zu adoptieren, damit alle in der Familie einen gemeinsamen Namen tragen würden, aber dagegen hatte Antonia ebenfalls vehement protestiert. Denn wie sollte ihr richtiger Vater sie jemals finden, wenn sie ihren Nachnamen wechselte? Wenigstens in dieser Angelegenheit wurde ihr Protest gehört: Ralph verzichtete auf die Adoption und Antonia durfte ihren Nachnamen Bernward behalten, während ihre Mutter nun Doris Reuter hieß.

Antonia hatte Ralph von Anfang an nicht leiden können und sie war sicher, dass es Ralph umgekehrt genauso ging. Ihre gegenseitige Abneigung war vermutlich das Einzige, das sie gemeinsam hatten, auch wenn Ralph gegenüber Antonias Mutter so tat, als läge ihm Antonias Wohlergehen am Herzen. Es war nicht so, dass Ralph Antonia schlecht behandelte, sie konnte ihm keine konkreten Untaten vorwerfen. Aber Antonia hatte feine Antennen, sie spürte, dass sie

für ihn nur das lästige Anhängsel ihrer Mutter war. Also blieb Antonia am Abend meist in ihrem Zimmer, las, chattete oder sah fern. Den Fernseher hatte ihr Ralph geschenkt. Es war ein altes Röhrengerät, das er wahrscheinlich für zehn Euro gebraucht gekauft hatte. Antonia wusste: Das war seine Art, sich seine Stieftochter nach Feierabend vom Hals zu halten. Knickerig war er zu allem hin auch noch. Das einzig brauchbare „Geschenk", das sie je von ihm erhalten hatte, war sein abgelegtes Fotohandy gewesen, nachdem er seinen Vertrag verlängert und ein neues bekommen hatte. Mit einer leisen Wehmut dachte Antonia an die Zeit zurück, als es noch keinen Ralph gegeben und sie die Abende mit ihrer Mutter auf dem großen Sofa verbracht hatte; lesend oder fernsehend, aber jedenfalls zusammen. Doch ihre Beziehung zu ihrer Mutter war seit Ralph deutlich distanzierter geworden. Selbst wenn Ralph auf Reisen war, blieb Antonia in ihrem Zimmer. Wie ein Wellensittich, der sich an seinen Käfig gewöhnt hatte und mit der offenen Tür nichts anzufangen wusste. […]
Entgegen der Prophezeiung ihrer Mutter hatte sich Antonia in ihrem neuen Zuhause nie wohlgefühlt. Hier war es einfach nur öde. Es gab keinerlei Abwechslung. […]
Antonia verbrachte viel Zeit im Netz. Das Internet war ihr Draht zum Rest der Welt. Es vermittelte ihr das tröstliche Gefühl, am Leben der anderen teilhaben zu können, irgendwie dazuzugehören, auch wenn sie an diesem tristen Ort hier festsaß. Ohne Internet, das war ihr klar, würde sie ihr Leben wohl kaum ertragen.
Über Facebook hatte sie seit einigen Monaten wieder Kontakt zu Freundinnen aus ihrer Kinderzeit in der Südstadt aufgenommen. So war Antonia auch auf die Idee auszuziehen gekommen: Katharina Buchmann, Katie genannt, war vor zehn Jahren zusammen mit Antonia eingeschult worden. Sie hatten in der Grundschule nebeneinander gesessen und waren dicke Freundinnen gewesen. Kürzlich hatte Katie beschlossen, die Schule nach der zehnten Klasse zu verlassen, und in den nächsten Tagen würde sie eine Lehre als Tontechnikerin beginnen. Vor zwei Wochen schon hatte ihr Katie voller Begeisterung mitgeteilt, dass sie in eine WG gezogen sei. „Es ist eine alte Villa am Lindener Berg. Bisschen baufällig, aber okay. Und total billig, mit allem Drum und Dran kostet das Zimmer nur zweihundert Euro. Es ist übrigens noch eins frei …"
„Das wird meine Mutter nie erlauben!", war Antonias erste Reaktion gewesen. Aber Katie hatte entgegnet: „Dann frag sie doch gar nicht. Meine Eltern waren auch dagegen, aber was wollen sie groß machen? Sie können mich ja schließlich nicht anbinden. Und inzwischen finden sie es ganz okay."
„Aber du verdienst bald schon dein eigenes Geld, ich nicht", hatte Antonia erwidert.
„Du kannst doch jobben", hatte Katie vorgeschlagen. „Und du kriegst bestimmt Schüler-BAföG. Überleg es dir. Dann wären wir zu viert, es wohnen noch zwei Jungs im Haus."
Katies Worte waren Antonia nicht mehr aus dem Kopf gegangen. *Ausziehen! Jetzt!* Sie war völlig fasziniert von diesem Gedanken.

Quelle: Mischke, Susanne: Röslein stach. Arena 2017, S. 5 ff.

AUFGABEN zum Leseverstehen

1 Ergänzen Sie die folgende Tabelle zu Antonia.

a) Vor- und Nachname	
b) Vor- und Nachname der Mutter	
c) Vor- und Nachname des Stiefvaters	
d) ehemaliger Wohnort	
e) jetziger Wohnort	

2 Notieren Sie, inwiefern sich Antonias Verhältnis zur Mutter seit dem Umzug verändert hat.

vor dem Umzug:	
nach dem Umzug:	

★ **3** Antonia neigt dazu, in Konfliktsituationen schnell zu weinen. Notieren Sie,

a) welchen Vorwurf ihr die Mutter und der Stiefvater diesbezüglich machen.

b) warum der Vorwurf für Antonia unbegründet ist.

c) wie sich das Weinen ankündigt.

4 Antonia will ausziehen. Notieren Sie,

a) wohin sie ziehen will.
b) welchen Grund sie ihrer Mutter dafür nennt.
c) wer sie auf die Idee gebracht hat.
d) womit die Mutter ihre Ablehnung des Wunsches begründet.

a)
b)
c)
d)

★ **5** Antonia mag ihren Stiefvater nicht.
Notieren Sie dafür zwei Belege aus den Zeilen 1 – 12.

•
•

★ **6** Aus dem Text geht nicht eindeutig hervor, wie der Stiefvater zu Antonia steht.

Entscheiden Sie, ob sein Verhalten Antonia gegenüber durch Zuneigung oder Abneigung gekennzeichnet ist. Kreuzen Sie entsprechend an.

Zuneigung ☐
Abneigung ☐

Begründen Sie Ihre Entscheidung.

___

___

___

___

★ **7** Erklären Sie, was mit dem folgenden Satz gemeint ist:

„Antonia jedoch fühlte sich wie ein Puzzle, bei dem die Hälfte der Teile fehlte." (Z. 63 f.)

___

___

___

___

___

8 Notieren Sie, wodurch Antonia sich ihrem leiblichen Vater in Gedanken nahe fühlt.

___

___

___

___

9 Notieren Sie, inwiefern die Mutter dazu beiträgt, dass Antonia ihrem leiblichen Vater nur in Gedanken nahe sein kann.

___

___

___

___

___

★ **10** Notieren Sie, woran im Text das personale Erzählverhalten erkennbar wird.

___

___

___

11 Ordnen Sie den Beispielen die entsprechende Darbietungsform zu.

1) Erzählerbericht
2) innerer Monolog
3) erlebte Rede
4) direkte Rede

	Darbietungsform
a) „Was willst du dann? Die Schule schmeißen? Bei deinen guten Noten?“	
b) Sie wartete, bis sie seinen Wagen wegfahren hörte.	

AUFGABEN zum Sprachwissen und zur Sprachbewusstheit

12 Die Konjunktivform im folgenden Satz drückt eine Vermutung aus.
Formen Sie den Satz so um, dass ein reales Geschehen zum Ausdruck gebracht wird.

Sie würden ihn für den Rest der Woche los sein.

____

____

____

13 Erklären Sie jeweils die Bedeutung des unterstrichenen Wortes in den folgenden Sätzen.

Satz	Bedeutung
a) Sie haben ihr etwas <u>unterstellt</u>.	
b) Sie ist dem Vorgesetzten <u>unterstellt</u>.	

14 Bestimmen Sie in den folgenden Teilsätzen jeweils die Wortart des unterstrichenen Wortes.

	Artikel	Demonstrativpronomen	Relativpronomen
a) Ihre Abneigung war vermutlich <u>das</u> Einzige,	☐	☐	☐
b) <u>das</u> sie gemeinsam hatten,	☐	☐	☐
c) und <u>das</u> war ihr klar.	☐	☐	☐

* **15** Notieren Sie die Bedeutung der folgenden Redewendung.

sich auf sehr dünnes Eis wagen

____

____

16 Notieren Sie ein im folgenden Satz verwendetes sprachliches Mittel.

Sie sieht aus wie eine Millionärin.

____

* **17** Ordnen Sie den folgenden Sätzen die entsprechende Begründung für die Kommasetzung zu.

1) Satzreihe
2) Aufzählung
3) Infinitivgruppe mit hinweisendem Wort
4) Apposition
5) Satzgefüge

	Nummer
a) Sie trank einen Schluck Kaffee, nahm ihren Mut zusammen und fing an zu reden.	
b) Das war klar, ohne Internet würde sie ihr Leben wohl kaum ertragen.	
c) Sie hatte wieder Kontakt zu Katie, ihrer Schulfreundin, aufgenommen.	

Quelle: Stock.Adobe/Nuthawut

D Aufgaben zum Leseverstehen – Schaubilder

D 1 Plastikmüll (Original-Prüfungsaufgabe 2020)

Plastikmüll – Mehr als nur Tüten

Plastik erlebt seit Jahrzehnten einen Boom: In Verpackungen, Autos oder Gebäuden kann es günstig, flexibel und haltbar eingesetzt werden. Das Problem: Reste von Plastikmüll verschmutzen die Meere. Dagegen sollen Verbote von Plastiktüten helfen. Diese lösen das Problem nur bedingt, denn Plastik gelangt auch aus anderen Quellen unbemerkt ins Meer.

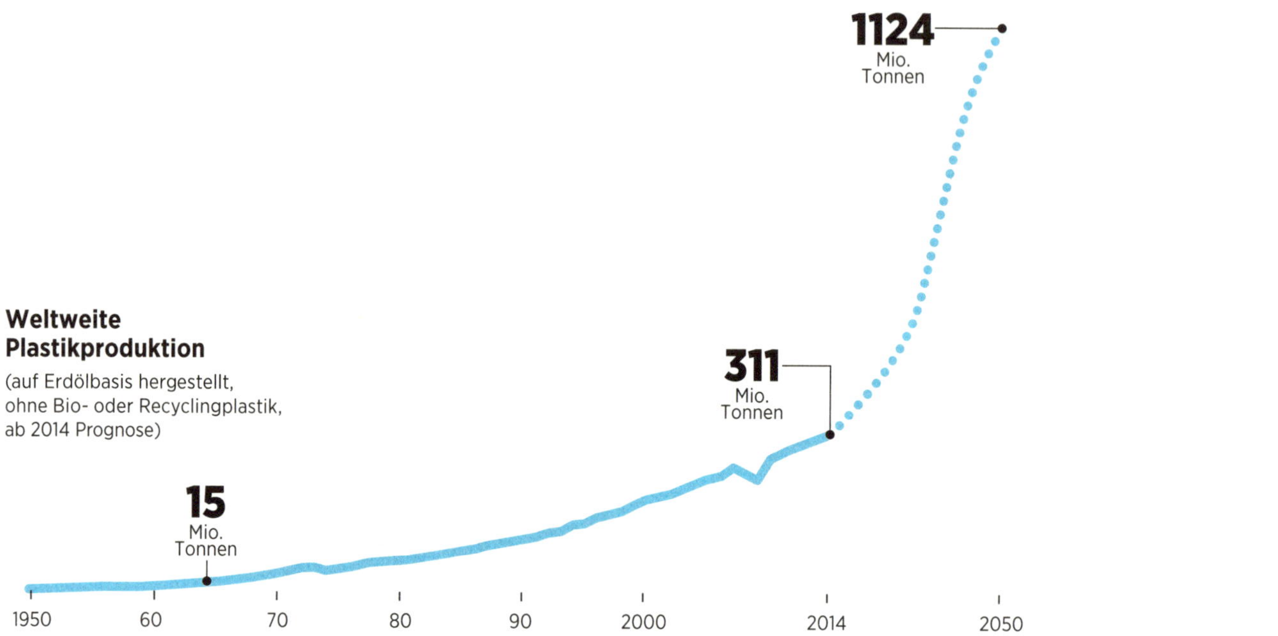

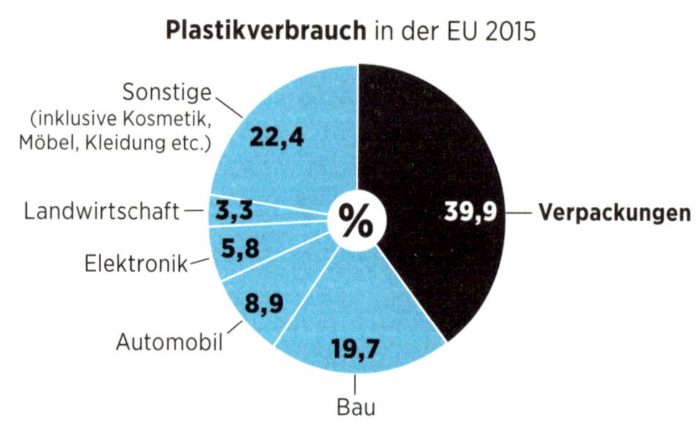

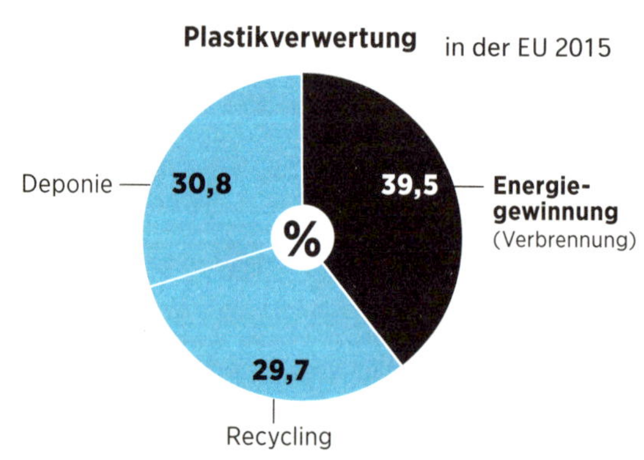

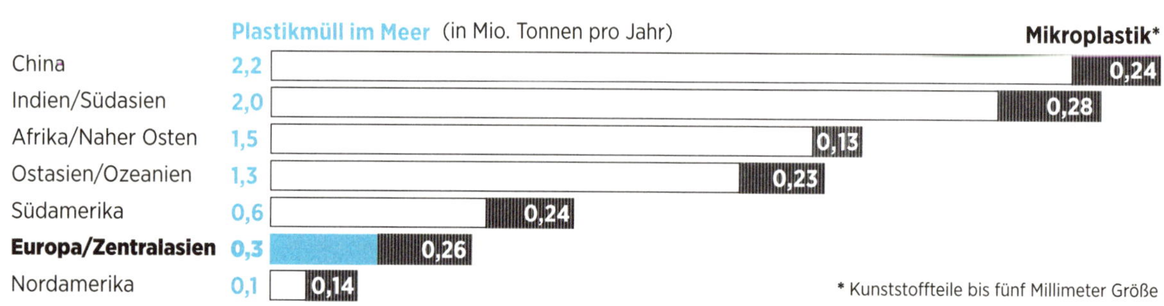

Ursprung des Mikroplastiks im Meer

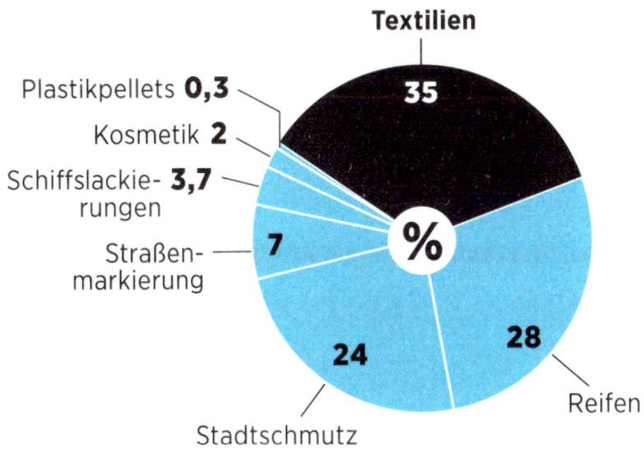

Faserproduktion weltweit
(in Mio. Tonnen, ab 2014 Prognose)

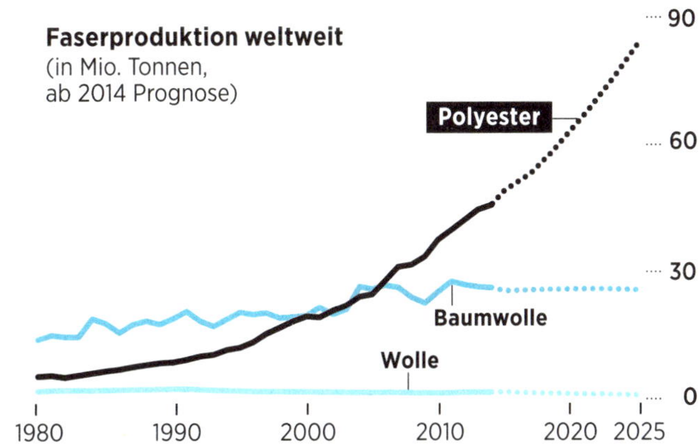

Polyester: Material zur Herstellung von Kunstfasern, die auch für Textilien verwendet werden.

Baumwolle, Wolle: natürliche Fasern

Mikroplastikverschmutzung, umgerechnet in Plastiktüten (pro Person und Jahr)

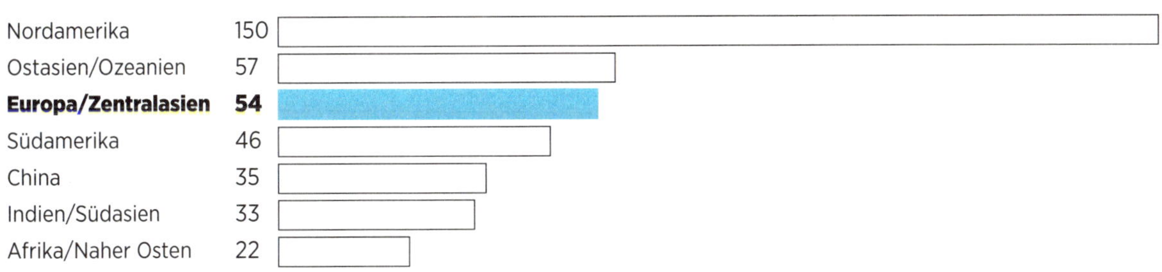

Quelle: Wirtschaftswoche Nr. 11, 10.03.2017, Seite 10.

AUFGABEN zum Leseverstehen

1 Notieren Sie

a) drei Gründe, die für den Einsatz von Plastik sprechen.
b) eine negative Folge, die mit dem Plastikboom verbunden ist.

a) •
•
•

b)

* **2** Notieren Sie, warum die folgende Aussage nicht korrekt ist.

Die weltweite Gesamtplastikproduktion beträgt im Jahr 2014 laut Diagramm 311 Millionen Tonnen.

3 Notieren Sie, was in der Grafik als Mikroplastik bezeichnet wird.

____

____

____

4 Kreuzen Sie an, worüber die Grafiken informieren.

Die Grafiken informieren über	**richtig**	**falsch**
a) den Anteil der Verpackungen am Plastikverbrauch in der EU 2015.	☐	☐
b) die Herstellung von Plastik auf biologischem Weg.	☐	☐
c) die Herkunft des Mikroplastikmülls im Meer.	☐	☐
d) den Anteil des Mikroplastikmülls am Gesamtplastikmüll im Meer.	☐	☐
e) die Entwicklung der Plastikverwertung in der EU 2015.	☐	☐

5 Ergänzen Sie den folgenden Satz.

Der größte Anteil des Plastikmülls wird verbrannt, um

____

____

* **6** Notieren Sie eine Möglichkeit, wie man bereits in der Faserproduktion den Anteil am Mikroplastikmüll reduzieren kann.

____

____

____

____

* **7** Begründen Sie, warum die folgende Aussage falsch ist.

In Nordamerika entsorgt jeder Einwohner pro Jahr 150 Plastiktüten im Meer.

____

____

____

____

____

E Aufgaben zur Rechtschreibung

E 1 Richtig schreiben (Original-Prüfungsaufgabe 2019)

Aufgaben

1 Welche Strategie wenden Sie an, um das Wort **„mittags“** an der markierten Stelle richtig zu schreiben?
Kreuzen Sie jeweils die zutreffende Rechtschreibstrategie an.

a) M oder m?
mittags

1. Ich wende die Artikelprobe an. ☐
2. Ich bilde ein stammverwandtes Wort. ☐
3. Ich erkenne ein typisches Suffix für Adverbien. ☐

b) t oder tt?
mi**tt**ags

1. Ich verlängere das Wort. ☐
2. Ich bilde den Plural. ☐
3. Ich zerlege das Wort in seine Silben. ☐

2 „Das“ oder „dass“?

a) Kreuzen Sie an, welche Schreibweise im folgenden Satz richtig ist.

Es gab ein Gesetz, dass ☐ / das ☐ dass ☐ / das ☐ Ketchuprezept schützen sollte.

b) Notieren Sie, mit welcher Strategie Sie Ihre Entscheidung begründen können.

____

____

3 Notieren Sie das Suffix, das jeweils über die Groß- oder Kleinschreibung entscheidet.

	Suffix
Beispiel: Krankheiten	*-heit-*
a) haltbar	
b) praktischer	
c) Richtungen	

4 Kreuzen Sie an, ob die unterstrichenen Wörter groß- oder kleingeschrieben werden.

	Großschreibung	Kleinschreibung
a) Die Firma ist PLEITE.	☐	☐
b) Die ersten Flaschen kamen aus dem AMERIKANISCHEN.	☐	☐

5 Kreuzen Sie an, ob die unterstrichenen Wörter getrennt oder zusammengeschrieben werden.

	Getrennt-schreibung	Zusammen-schreibung
a) Beim Grillen ist das Fleisch regelmäßig zu wenden / zuwenden.	☐	☐
b) Gleichzeitig muss er sich dem Gast zu wenden / zuwenden.	☐	☐

E 2 Richtig schreiben (Original-Prüfungsaufgabe 2020)

Aufgaben

1 Welche Strategie wenden Sie an, um das Wort **„hauptsächlich"** an der markierten Stelle richtig zu schreiben?
Kreuzen Sie jeweils die zutreffende Rechtschreibstrategie an.

a) e oder ä?
haupts**ä**chlich

1. Ich zerlege das Wort in seine Bestandteile. ☐
2. Ich erkenne ein typisches Adjektivsuffix. ☐
3. Ich suche ein stammverwandtes Wort. ☐

b) g oder ch?
hauptsächli**ch**

1. Ich verlängere das Wort. ☐
2. Ich suche ein Wort aus der Wortfamilie. ☐
3. Ich erkenne den Wortstamm. ☐

2 Ergänzen Sie die Tabelle, indem Sie der Schreibung des unterstrichenen Wortes die jeweilige Regel zuordnen.

Regel:
1) Nomen werden großgeschrieben.
2) Nominalisierte Verben werden großgeschrieben.
3) Adverbien werden kleingeschrieben.
4) Adjektive werden kleingeschrieben.

	Nummer der Regel
a) Antonia hat sich am MORGEN entschieden, das Zimmer zu nehmen.	
b) Sie gibt MORGEN ihrer Freundin Bescheid.	
c) Ihre MORGENDLICHE Müdigkeit stößt auf das Unverständnis ihrer Mutter.	

3 Notieren Sie das Suffix, das jeweils über die Groß- oder Kleinschreibung entscheidet.

	Suffix
Beispiel: Krankheiten	*-heit-*
a) Zeugnisse	
b) Genügsamkeit	

4 Kreuzen Sie an, ob die unterstrichenen Wörter getrennt geschrieben oder zusammengeschrieben werden.

	getrennt	**zusammen**
a) Antonias Mutter hat nicht die Absicht, für das Zimmer zu zahlen / zuzahlen.	☐	☐
b) Antonias Mutter möchte nicht für das Zimmer zu zahlen / zuzahlen.	☐	☐
c) Antonia muss ihren ganzen Mut zusammen nehmen / zusammennehmen.	☐	☐

F Aufgaben zur Schreibkompetenz – Texte überarbeiten

F 1 Wissenswertes über Spargel (Original-Prüfungsaufgabe 2019)

In den folgenden Informationen über den Spargel sind einige Fehler enthalten.

Korrigieren Sie nur den jeweiligen Fehler.

R – Rechtschreibfehler
Z – Zeichensetzungsfehler
G – Grammatikfehler
A – Ausdrucksfehler

AUFGABEN zur Überarbeitung eines Textes

1	Die Spargelstange ist der Stängelspross der Spargelpflanze die zur Familie der Liliengewächse gehört.	Z *(Korrigieren Sie direkt im Text.)*
* 2	Viele alt bekannte Sorten werden heute kaum noch angebaut.	R
* 3	Spargelkulturen sollen über viele Jahre gute Erträge bringen, weil der Standort sorgfältig ausgewählt werden sollte.	G (Konjunktion)
4	Zur Ernte werden die Spargelstangen gestochen, was nach wie vor knüppelharte Handarbeit ist.	A (Umgangssprache)
5	Spargel ist ein Gemüse, welches in seinem Geschmack einzigartig und deshalb bei Feinschmeckern voll beliebt ist.	A (Umgangssprache)
* 6	Früher wurden die Spargelstangen die noch nicht zerkleinert waren relativ umständlich mit den Fingern gegessen.	Z *(Korrigieren Sie direkt im Text.)*
7	Deshalb wurde zum spargelessen immer ein mit warmem Wasser gefülltes Fingerschälchen gereicht.	R
8	Für die aus heutiger Sicht unsinnig erscheinende Sitte gab es ein einfachen Grund.	G (Kasus)
9	Wurde der Spargel geschnitten mit dem Messer, fing dieses stark zu rosten an.	G (Satzbau)
10	Heute können sich Spargelliebhaber über rostfreie Messer freuen und Spargel zu jedem Anlaß bedenkenlos mit Messer und Gabel essen.	R

F 2 Wissenswertes über Venedig (Original-Prüfungsaufgabe 2020)

Die folgenden Informationen aus einem Reiseführer über die Stadt Venedig enthalten einige Fehler.

Korrigieren Sie nur den jeweiligen Fehler.

R – Rechtschreibfehler
Z – Zeichensetzungsfehler
G – Grammatikfehler
A – Ausdrucksfehler

AUFGABEN zur Überarbeitung eines Textes

1	Im 8. Jahrhundert entwickelt sich aus den kleinen Inseln einer sumpfigen Lagune die See- und Handelsmacht Venedig.	G (Tempus)
2	Heute gehört die Stadt zum Weltkulturerbe und ist nicht ohne grund Europas beliebtestes Städtereiseziel.	R
* 3	Der Canal Grande, Venedigs großer Kanal durchfließt die Stadt in zwei großen Bogen und ist die wichtigste Verkehrsader.	Z *(Korrigieren Sie direkt im Text.)*
4	Moderne Schnellboote und mit Frischwahren beladene Boote sorgen für ein bewegtes Treiben auf dem Kanal.	R
5	Auf dem Markusplatz zaubern fantastische Bauwerke gemeinsam mit zahlosen Tauben ein ganz besonderes Ambiente.	R
* 6	Der Glockenturm mit einer Höhe von 99 Meter ermöglicht einen herrlichen Blick über die Lagunenstadt.	G (Kasus)
7	Viele Besucher gucken den herrlichen Markusdom und den Dogenpalast an.	A (Umgangssprache)
8	Auch Venedigs Cafés sind beliebt, weil man kann dort guten Kaffee trinken.	G (Satzbau)
9	Den Abend lässt man am besten in einem exquisiten Restaurant ausklingen wo man mit regionalen Köstlichkeiten verwöhnt wird.	Z *(Korrigieren Sie direkt im Text.)*
* 10	Doch die Stadt wird durch die gigantischen Kreuzfahrtschiffe bedroht, obwohl diese die Bausubstanz zerstören.	G (Konjunktion)

G Aufgaben zur Schreibkompetenz – Texte planen und verfassen

G 1 Sollte man Secondhandkleidung kaufen? (Original-Prüfungsaufgabe 2020)

Ihre Schule führt ein Projekt zum Konsumverhalten durch. Dazu werden verschiedene Arbeitsgruppen gebildet.
In Ihrer Arbeitsgruppe werden die Vor- und Nachteile des Kaufs von Secondhandkleidung diskutiert.
Die Ergebnisse der Arbeitsgruppen sollen auf der Schulhomepage veröffentlicht werden.
Verfassen Sie in Vorbereitung auf die Veröffentlichung eine Erörterung. Setzen Sie sich darin mit der Frage auseinander, ob man Secondhandkleidung kaufen sollte.
Gehen Sie dabei auf die betreffenden Vor- und Nachteile ein.

Lesen Sie zunächst folgende Meinungen, die in der Diskussion geäußert wurden.

Wenn ich den neuesten Trends folgen möchte, finde ich im Secondhandladen nichts Passendes.

Ich schone die Umwelt, wenn ich gebrauchte Kleidung kaufe.

Manche Teile aus dem Secondhandshop sind verwaschen und ausgeleiert.

Ich mag ungewöhnliche Teile. Und davon gibt es im Secondhandladen jede Menge.

Aufgaben Erstellen eines Schreibplans

1 Vervollständigen Sie stichwortartig den nachfolgenden Schreibplan in Form eines Gliederungsrasters. Gehen Sie dabei wie folgt vor:

a) Entscheiden Sie, welche der beiden vorgegebenen Positionen Sie als These und Gegenthese verwenden wollen. Streichen Sie die jeweils für Ihren Schreibplan nicht zutreffende These und Gegenthese durch.
b) Leiten Sie aus den vorgegebenen Meinungsäußerungen zwei Pro- und zwei Kontra-Argumente ab.
c) Stützen Sie die Argumente mit jeweils einem Beleg oder Beispiel. Sie müssen dabei auch auf Ihr Alltagswissen und eigene Erfahrungen zurückgreifen.
★ d) Formulieren Sie noch ein weiteres Pro- und Kontra-Argument und stützen Sie jedes mit einem eigenen Beleg oder Beispiel.
e) Ergänzen Sie Ihre Überlegungen für Einleitung und Schluss des Beitrags, wobei der Schluss Ihre Meinung widerspiegeln soll.
★ f) Ziehen Sie ein Fazit und formulieren Sie dementsprechend eine Empfehlung.

Gliederungsraster:

	1. Einleitung	
1	Schreibanlass	
2	Hinführung zum Thema	
	2. Hauptteil	
	These oder Gegenthese	Das Kaufen von Secondhandkleidung ist empfehlenswert. Das Kaufen von Secondhandkleidung ist abzulehnen.
3	1. Argument	•
4	Beleg / Beispiel	•
5	2. Argument	•
6	Beleg / Beispiel	•
* 7	3. Argument	•
* 8	Beleg / Beispiel	•
	These oder Gegenthese	Das Kaufen von Secondhandkleidung ist empfehlenswert. Das Kaufen von Secondhandkleidung ist abzulehnen.
9	1. Argument	•
10	Beleg / Beispiel	•
11	2. Argument	•
12	Beleg / Beispiel	•

* 13	3. Argument	•
* 14	Beleg / Beispiel	•
	3. Schluss	
15	persönliche Meinung	
* 16	Fazit	
* 17	eine Empfehlung	

2 Verfassen Sie die Erörterung auf der Grundlage Ihres Schreibplans. Verwenden Sie zum Schreiben gesonderte Blätter.

Soll man Secondhandkleidung kaufen?

...

H Original-Prüfungsaufgaben

H 1 Bewertungsvorgaben

In den Abschnitten H3 und H4 findet ihr die Prüfungsarbeiten für den Mittleren Schulabschluss aus den Jahren 2021 und 2022. Auch die Schülerinnen und Schüler, die die Erweiterte Berufsbildungsreife erlangen möchten, nehmen an der einheitlichen Prüfung für den Mittleren Schulabschluss teil. Es gibt also keine gesonderte Prüfungsarbeit für die Erweiterte Berufsbildungsreife.

Die Prüfung dient zum Erwerb beider Abschlüsse, wobei in den Arbeiten die Aufgaben speziell für das Niveau des Mittleren Schulabschlusses durch ein Sternchen * gekennzeichnet sind. Diese Aufgaben sind teilweise etwas schwieriger oder umfangreicher zu lösen.

Die angegebene Prüfungsdauer gilt für alle Schülerinnen und Schüler unabhängig vom Abschluss. Für die verschiedenen Abschlüsse gelten aber unterschiedliche Bewertungsmaßstäbe. Mit zwei Dritteln der Gesamtpunktzahl sind bereits 100 % des EBR-Niveaus erreicht. Diese zwei Drittel kann man auch erreichen, wenn man nur die Aufgaben ohne Sternchen * bearbeitet.
Um dem FOR/MSA-Niveau zu 100 % zu genügen, muss man dagegen alle Aufgaben richtig lösen, auch die Aufgaben, die mit einem Sternchen * gekennzeichnet sind.

In welchen Aufgaben durch eine richtige Bearbeitung die Punkte erzielt werden, ist für die Abschlüsse allerdings unerheblich, das heißt: Alle Aufgaben zählen genauso für die Erweiterte Berufsbildungsreife wie für den Mittleren Schulabschluss. Daher solltet ihr versuchen, alle Aufgaben zu lösen.

Hinweis: Aus lizenzrechtlichen Gründen mussten einzelne Teile der Original-Prüfungsaufgaben 2021 und 2022 gegen Teile aus früheren Originalprüfungen ausgetauscht werden; sie entsprechen der jeweiligen Text- und Aufgabenart.

H 2 Zeitplanung

Aufgaben zur Zeitplanung

1 Für die Bearbeitung der Prüfung hast du 180 Minuten Zeit. Es ist daher wichtig, dass du ein Gefühl für die Zeit bekommst. Bearbeite die Aufgaben in diesem Buch deshalb immer mit einer Uhr. Halte fest, wie viel Zeit du für die einzelnen Arbeitsschritte einplanst und wie viel Zeit du tatsächlich benötigst. Wo gab es Abweichungen von deiner Planung? Warum?

a) Original-Prüfungsaufgaben 2021 (siehe S. 75)	**geplante Zeit**	**benötigte Zeit**
1. Teil: Prüfung des Leseverstehens und des Sprachwissens anhand eines Sachtextes		
2. Teil: Prüfung des Leseverstehens und des Sprachwissens anhand eines literarischen Textes		
3. Teil: Prüfung des Leseverstehens anhand von Schaubildern		
4. Teil: Prüfung der Rechtschreibung		
5. Teil: Prüfung der Schreibkompetenz: Überarbeiten eines Textes		
6. Teil: Prüfung der Schreibkompetenz: Erstellen eines Schreibplans		
7. Teil: Prüfung der Schreibkompetenz: Umsetzung des Schreibplans		
Zusammen	180 Minuten	

b) Original-Prüfungsaufgaben 2022 (siehe S. 97)	**geplante Zeit**	**benötigte Zeit**
1. Teil: Prüfung des Leseverstehens und des Sprachwissens anhand eines Sachtextes		
2. Teil: Prüfung des Leseverstehens und des Sprachwissens anhand eines literarischen Textes		
3. Teil: Prüfung der Rechtschreibung		
4. Teil: Prüfung der Schreibkompetenz: Erstellen eines Schreibplans		
5. Teil: Prüfung der Schreibkompetenz: Umsetzung des Schreibplans		
Zusammen	180 Minuten	

c) Übungsaufgaben	**geplante Zeit**	**benötigte Zeit**
1. Teil: Prüfung des Leseverstehens und des Sprachwissens anhand eines Sachtextes		
2. Teil: Prüfung des Leseverstehens und des Sprachwissens anhand eines literarischen Textes		
3. Teil: Prüfung des Leseverstehens anhand von Schaubildern		
4. Teil: Prüfung der Rechtschreibung		
5. Teil: Prüfung der Schreibkompetenz: Überarbeiten eines Textes		
6. Teil: Prüfung der Schreibkompetenz: Erstellen eines Schreibplans		
7. Teil: Prüfung der Schreibkompetenz: Umsetzung des Schreibplans		
Zusammen	180 Minuten	

H 3 Original-Prüfungsaufgaben 2021 und 2022

Liebe Schülerinnen und Schüler,

Sie erhalten in der Arbeit Texte und Aufgaben. Im Folgenden erfahren Sie, wie die Aufgaben zu bearbeiten sind.

a) Es gibt verschiedene Aufgabentypen:

- Bei Multiple-Choice-Aufgaben kreuzen Sie die zutreffende Lösung an.
  Nur eine Antwort ist richtig.

  a) ☐
  b) ☐
  c) ☒
  d) ☐

- Bei Richtig-Falsch-Aufgaben überprüfen Sie jede einzelne Aussage.
  Entscheiden Sie dann, ob sie richtig oder falsch ist, und kreuzen Sie an.

Aussage	**richtig**	**falsch**
a)	☒	☐
b)	☐	☒
c)	☐	☒
d)	☒	☐

- Die Lösung der anderen Aufgaben können Sie im ganzen Satz oder in Stichpunkten formulieren.

- Die Schreibaufgabe besteht aus drei Teilen.
  - Zuerst überarbeiten Sie einen Text mithilfe der Aufgabenstellung.
  - Anschließend erstellen Sie einen Schreibplan.
  - Zuletzt verfassen Sie eine Erörterung entsprechend dem Schreibplan.

b) Beachten Sie bitte:

- Sie dürfen in den Texten Markierungen vornehmen.

- Sie können für Ihre Arbeit ein Wörterbuch benutzen.

- Sie haben 180 Minuten Zeit.

Viel Erfolg!

Quelle (Aufgaben): Senatsverwaltung für Bildung, Wissenschaft und Forschung, Berlin; Ministerium für Bildung, Jugend und Sport, Land Brandenburg

H 4 Original-Prüfungsaufgaben 2021

TEIL 1 Influencer: Die Einfluss-Reichen

Mareike Nieberding, Björn Stephan

Schwärmen, Schmollen, Schönreden: Sogenannte Influencer inszenieren ihr Leben im Internet und machen, nicht ganz beiläufig, Werbung. Entstanden ist eine neue Industrie […].

Charles Bahr ist Unternehmer und an diesem Wintermorgen noch keine 16 Jahre alt. Es ist fünf Uhr, er sitzt hellwach auf dem Flughafen Berlin-Tegel und überlegt, wie er an eine Limousine kommt. Charles Bahr und ein 18-jähriger Begleiter, der „projektbasiert" für ihn arbeitet, wie Bahr erklärt, sind auf dem Weg nach Zürich, um „ein paar opportunities" auszuloten, ein paar Möglichkeiten. Jetzt will Charles Bahr als Erstes die Sache mit der Limousine regeln, genauer gesagt: regeln lassen.
Da lehnt sich also ein Teenager, schmalschultrig, blass und blond, auf einem Hartschalensitz zurück und streckt die Beine aus, während sein Mitarbeiter auf dem iPhone nachschaut, wie teuer es wäre, sich in Zürich vom Flughafen in die Stadt chauffieren zu lassen. Bahr fährt häufig Limousine, am liebsten Mercedes oder Cadillac, aber heute gibt es ein Problem: Die Fahrt kostet 80 Euro. Zu viel für Bahrs drei Kreditkarten, die gerade am Limit sind. Wobei, eigentlich sind es die Kreditkarten seiner Mutter.
Zweieinhalb Stunden später reiht sich sein Mitarbeiter am Flughafen Zürich in die Schlange vor dem S-Bahn-Ticketschalter ein, und Bahr wird ungeduldig: „Verdammt, wären wir mal Limousine gefahren!" Der nächste Zug kommt in 14 Minuten. Für jemanden, der mit solch einer Zielstrebigkeit durch die Erwachsenenwelt schießt wie Charles Bahr, eine Zumutung.
Bahr geht in die zehnte Klasse eines Gymnasiums in Hamburg. In der Tasche, die sein Mitarbeiter für ihn trägt, steckt eine Reisevollmacht in einer Klarsichtfolie. Die hat sich Bahr von seiner Mutter unterschreiben lassen, damit er allein ins Ausland fliegen darf. Er ist zu jung für eine eigene Kreditkarte, zu jung eigentlich auch für seine Firma tubeconnect media, ein Unternehmen mit eigenem Büro und zehn Mitarbeitern; Bahr gründete die Firma vor einem Jahr. Sie wird offiziell von einer Freundin seiner Mutter geführt. Seinen Kunden aber kann er offenbar gar nicht jung genug sein. Sie laden ihn zu Meetings nach Berlin und München ein, sie lassen sich von ihm Werbekampagnen entwerfen, er soll ihnen das Internet erklären, genauer: wie man dort junge Menschen in seinem Alter erreichen kann.
Bahr sagt es so: „Ich möchte das Problem lösen, dass die Werbung für meine Generation nicht optimal und effizient kreiert ist." Sein Versprechen an die Firmen, die für seinen Rat zahlen, lautet: Niemand versteht die Jugend so gut wie die Jugend selbst. Niemand versteht sie so gut wie er, Charles Bahr.
In Zürich verbringt er einen langen Tag in einer Messehalle. Dort treffen sich Leute, die im Netz – und nur dort – Stars sind, mit ihren Fans und mit Menschen, die vom Ruhm dieser Stars profitieren wollen. Die Stars sind ziemlich jung, zwischen 14 und 19 Jahre alt, und wenn man sie nicht kennt, dann kann man sie leicht mit den Fans verwechseln: Die Jungen tragen Turnschuhe, Röhrenjeans und Kapuzenpullover, die Mädchen kurze Lederröcke und

hohe Schuhe. Sie posieren für Handyfotos, sie führen auf einer Bühne unter Applaus ihre Fitness vor, indem sie Liegestütze und Sit-ups machen, und sie werden umschwärmt von denen, die ihre Bekanntheit vermarkten: Leuten, die mindestens doppelt so alt sind wie sie, manch einer trägt Anzug.

Man kann sagen, hier trifft die Online- auf die Offline-Welt. Charles Bahr ist der Vermittler zwischen diesen Welten.

Unter grellem Neonlicht sitzt er mit Marketingmenschen zusammen, er quatscht sich in den Backstagebereich, isst argentinisches Rinderfilet mit einem Manager aus Los Angeles, zwischendurch macht er Fotos von sich selbst: Dafür postiert er sich vor Stellwänden, die eng beklebt sind mit Markenlogos. Kurz bevor er die Messe verlässt, steuert er noch schnell auf den Chef einer Eventagentur zu, einen ergrauenden Mann Mitte 40. In der Hand hält Bahr seine Visitenkarte wie eine Waffe. Charles Bahr sagt nicht Hallo oder Entschuldigung. Er sagt: „Ihr macht doch viel für die Telekom, oder?“ Der Agenturchef schaut irritiert, will schon weitergehen, aber Bahr hört nicht auf zu reden. Bald flackert im Gesicht des Ergrauenden Neugier auf, und einige Minuten später sagt er: „Danke, ja, lass uns unbedingt in Kontakt bleiben. In dem Bereich können wir noch viel von euch lernen.“ Er nimmt Bahrs Visitenkarte. Die beiden verabschieden sich mit einem Handschlag.

Es war ein Satz, den Charles Bahr fast beifällig fallen ließ, der das Interesse des Agenturchefs geweckt hat: „Unsere Firma macht ja Influencer-Marketing von Youngsters für Youngsters.“

Charles Bahr kennt ziemlich viele Wörter aus dem Lexikon der Marketingsprache, flüssig reiht er sie aneinander, „Creator“, „Zielgruppenoptimierung“, aber kein Wort benutzt er so häufig wie dieses. Influencer. Die Stars des Internets. Die Idole der Gegenwart. Sie sind nicht etwa deshalb berühmt, weil sie über ein besonderes Talent verfügen würden: Influencer, „Beeinflusser“, können nicht gut singen, schön tanzen oder erfolgreich Tennis spielen. Sie sind meist schlank und hübsch, das schon, aber nicht außerirdisch schön wie die Supermodels der neunziger Jahre. Es ist gar nicht so leicht zu sagen, was diese Influencer getan haben, um im Netz bei so vielen jungen Leuten so bekannt zu werden, dass um sie herum eine ganze Industrie wachsen konnte, mit Messen wie der in Zürich, mit Firmen wie der von Charles Bahr.

Am ehesten ist es wohl so: Wenn jemand in der Offline-Welt eine Sache besonders gut macht, wird er vielleicht ein Star. Ein Star kann seine Bekanntheit zu Geld machen, indem er seinen Namen, sein Gesicht, seinen Körper an ein Produkt verkauft. Im Internet ist es so: Die Influencer sind auch deshalb Stars, weil sie Werbung machen.

Im Großbritannien des 17. Jahrhunderts dachten die Leute, wenn sie von Influencern sprachen, an Kirchen- oder Staatsoberhäupter. Heute ist ein Influencer meist eine junge Frau und manchmal ein junger Mann. Ihre Millionen jugendlichen Fans sehen diese Stars zum Beispiel durch Mailand flanieren, mit einer Handtasche von Dolce & Gabbana, die so viel kostet, dass ein Schüler dafür mehrere Jahre lang sein Taschengeld sparen müsste. Influencer stehen mit der neuesten Fotokamera von Canon vor einem Tempel in Thailand. Influencer posieren in einem Mantel von Prada vor dem Eiffelturm in Paris, lehnen sich im Bikini der Marke Missoni am Strand von Saint-Tropez an eine Palme oder liegen zu Hause mit einer Flasche Waschmittel von Coral im Bett. Das ist ihre Leistung. Dafür werden sie von ihren Fans gefeiert.

In der Offline-Welt haftet dem offensiven Anpreisen eines Produktes immer noch etwas Negatives an, Lobbyisten zum Beispiel haben keinen besonders guten Ruf, kaum jemand würde etwa stolz verkünden: „Ich arbeite als Lobbyist für die Zuckerindustrie." Ein digitales Dasein als Influencer aber gilt unter den Fans als ehrenwertes, erstrebenswertes Lebensmodell.

Charles Bahr, der Unternehmer, der bald 16 wird, ist mit dem Internet aufgewachsen. Sein erstes Handy hat er mit sechs bekommen, sein erstes Smartphone mit zehn. Mit elf hat er angefangen, Videos von sich und seinem Hund hochzuladen. Bahr gehört zu einer Generation, in der nur jeder Fünfte eine Tageszeitung liest und nur jeder Zweite täglich fernsieht. Einer Generation, die stattdessen nach eigener Einschätzung im Durchschnitt 221 Minuten pro Tag im Internet verbringt, meist über das eigene Smartphone.

Wenn Bahr auf einem Podium steht oder in einem Konferenzraum sitzt und erklären soll, wie junge Menschen sich im Internet bewegen, dann rasselt er nicht solche Statistiken herunter. Er redet dann als Erstes von seiner Mutter. Er sagt immer denselben Satz, mit leicht spöttischem Unterton: „Meine Mutter ist auf Facebook." Er meint damit: Facebook ist die Heimat der Alten. Bahrs Mutter ist 50. [...]

Vergleicht man ein typisches Instagram-Foto aus dem Jahr 2010 mit einem von heute, dann sieht man, dass das Netzwerk eine Verwandlung durchgemacht hat. Am Anfang posteten die Nutzer Schnappschüsse, auf denen sie auch mal unvorteilhaft wirkten. Was zählte, waren Spontaneität und Schnelligkeit. Heute ist auf Instagram nichts mehr *instant*[1]. Die Nutzer schwelgen dort in einer durch und durch perfektionierten und arrangierten Welt. Da leuchten Sonnenuntergänge in gewaltigen Farben und scheinen Gesichter wie aus Porzellan, den Filtern sei Dank. Vor allem aber hat sich Instagram zu einem globalen Schönheitswettbewerb entwickelt, bei dem bis zur Makellosigkeit bearbeitete Selbstporträts millionenfach um Aufmerksamkeit konkurrieren. Am beliebtesten ist diese Pose, in unzähligen Variationen: leicht geöffneter Mund, angewinkelter Kopf, Blick von oben. Lauter Einzelne, aus denen lauter einförmige Bilder werden. Lauter junge Menschen, viel jünger im Durchschnitt als auf Facebook und Twitter, die Werbung für sich selbst machen. Gibt es einen besseren Ort als Instagram für ein Unternehmen, das Werbung für sich selbst machen möchte? [...]

Die Ausgaben für Influencer-Werbung sind zwar nur ein Bruchteil dessen, was für andere Werbeformen ausgegeben wird; Werbung über Influencer ist noch immer etwas Neues. Aber sie ist für die Unternehmen auch sehr attraktiv: endlich mal eine Werbeform, die ohne sündhaft teure Filmdrehs auskommt, ohne Texter, Regisseure, Kameraleute, Casting-Agenturen. Und die direkt bei der Zielgruppe landet.

Eines der beliebtesten Bilder, die jemals auf Instagram gepostet wurden, ist das Porträt einer 25-jährigen Sängerin aus den USA: offenes Haar, rotes Top, lange rote Fingernägel. Als das Bild online ging, war die Sängerin viel unbekannter als die Superstars Beyoncé, Rihanna und Madonna. Auf dem Foto macht sie eigentlich nichts Besonderes. Sie trinkt nur mit einem Strohhalm aus einer Flasche. Auf der Flasche steht folgender Satz: *„You're the spark."* Du bist der Funke. Diese Worte bringen die Logik von Instagram auf den Punkt. [...]

1 **instant:** ohne Bearbeitung

Quelle: Mareike Nieberding, Björn Stephan, Die Einfluss-Reichen. Aus: DIE ZEIT, Ausgabe Nr. 13/2018, Zeitverlag Gerd Bucerius, Hamburg, erschienen am 22.03.2018

AUFGABEN zum Leseverstehen

101 Kreuzen Sie an, ob die folgenden Aussagen zu Charles Bahr richtig oder falsch sind. ____ / 3 P.

Aussage	richtig	falsch
a) Er ist blond und schmalschultrig.	☐	☐
b) Er gründete mit 15 Jahren seine eigene Firma.	☐	☐
c) Er besucht in Hamburg ein Gymnasium.	☐	☐
d) Er ist ein Influencer und macht Werbung für Markenartikel.	☐	☐
e) Er ernährt sich vegetarisch.	☐	☐

102 Ergänzen Sie die folgende Tabelle zu Charles Bahrs Firma. ____ / 2 P.

a) Firmenname	
b) Offizielle Geschäftsführerin	
c) Anzahl der Beschäftigten	
d) Tätigkeitsfeld der Firma	

* **103** Auf den ersten Blick scheint Charles Bahr ein unabhängiges Leben zu führen. Der Text gibt jedoch Hinweise darauf, dass dies nicht immer so ist. Notieren Sie zwei Belege aus den Zeilen 20 bis 26, die seine Abhängigkeit verdeutlichen.

Textbeleg 1		____ / 1 P.
Textbeleg 2		____ / 1 P.

* **104** Notieren Sie, welches Problem Charles Bahr mit seiner Firma lösen möchte. ____ / 1 P.

____

____

____

105 Kreuzen Sie an, ob die folgenden Aussagen zu Influencern richtig oder falsch sind. ____ / 3 P.

Influencer ...	richtig	falsch
a) müssen sportlich sein.	☐	☐
b) verdienen durch Werbung Geld.	☐	☐
c) sprechen vor allem junge Menschen an.	☐	☐
d) sind außerordentlich attraktiv.	☐	☐
e) zeichnen sich durch besondere Talente aus.	☐	☐

Quelle (Aufgaben): Lisum Landesinstitut für Schule und Medien Berlin-Brandenburg 2021

★ **106** Der Begriff „Influencer“ bedeutet „Beeinflusser“ und hat sich im Lauf der Zeit inhaltlich verändert. Notieren Sie,

a) wer im 17. Jahrhundert in Großbritannien die Beeinflusser waren. ____ / 1 P.
b) wer heute die Beeinflusser sind. ____ / 1 P.

a) ______________________________

____

b) ______________________________

____

★ **107** Notieren Sie zwei Vorteile von Influencer-Werbung im Vergleich zu herkömmlicher Werbung. ____ / 1 P.

____

____

108 Die Fotos bei Instagram haben sich im Lauf der Zeit verändert. Notieren Sie jeweils zwei Merkmale von Instagram-Fotos

a) um 2010. ____ / 1 P.
b) heute. ____ / 1 P.

a) Instagram-Fotos um 2010	
b) Instagram-Fotos heute	

109 Charles Bahr sagt auf Veranstaltungen immer folgenden Satz: „Meine Mutter ist auf Facebook“ (Z. 105 f.). Erklären Sie, was er damit zum Ausdruck bringen will. ____ / 1 P.

____

____

____

____

Aufgaben zum Leseverstehen: ____/ 17 P.

AUFGABEN zum Sprachwissen und zur Sprachbewusstheit

151 Notieren Sie den folgenden Satz in Standardsprache: ____ / 1 P.

Auf der Messe quatscht er mit vielen Menschen.

____

____

152 Ordnen Sie den Fremdwörtern jeweils ihre deutsche Bezeichnung oder die entsprechende Nummer zu. ____ / 2 P.

1) Auswahlverfahren 2) Verbesserung 3) Vermarktung 4) Vorbild

Fremdwort	deutsche Bezeichnung / Nummer
a) Optimierung	
b) Idol	
c) Casting	
d) Marketing	

* **153** Die folgenden zwei Sätze unterscheiden sich durch die nachträgliche Erläuterung im zweiten Satz. Erklären Sie, inwiefern sich dadurch die Bedeutung im zweiten Satz verändert. ____ / 1 P.

Satz 1: Influencer machen im Internet Werbung.
Satz 2: Influencer machen im Internet, keineswegs beiläufig, Werbung.

____

____

____

154 Ordnen Sie den Sätzen die entsprechende Begründung für die Kommasetzung zu.

1) Aufzählung 2) Satzgefüge 3) Satzreihe

	Begründung	
a) Es ist fünf Uhr, und er sitzt hellwach am Flughafen.		____ / 1 P.
b) Er ist zu jung für eine eigene Kreditkarte, zu jung für eine eigene Firma.		____ / 1 P.

155 Ergänzen Sie die folgende Tabelle, indem Sie stammverwandte Wörter bilden. ____ / 2 P.

	Nomen	Verb	Adjektiv
a)	Kritik		
b)		spotten	
c)			optimal

156 Formen Sie den folgenden Satz so um, dass er im Passiv steht: ____ / 1 P.

Bahr gründete die Firma vor einem Jahr.

____

____

____

Quelle (Aufgaben): Lisum Landesinstitut für Schule und Medien Berlin-Brandenburg 2021

★ **157** Ordnen Sie den folgenden Beispielen die entsprechenden sprachlichen Mittel zu.

1) Personifikation 2) Anapher 3) Metapher 4) Vergleich

	Nummer	
a) Er hält seine Visitenkarte wie eine Waffe in der Hand.		____ / 1 P.
b) Vor dem Ticketschalter bildet sich eine Schlange.		____ / 1 P.
c) Die Bilder der Stars gehen um die Welt.		____ / 1 P.

Aufgaben zum Sprachwissen und zur Sprachbewusstheit: ____/ 12 P.

TEIL 2 Hyde *Antje Wagner*

[...] „Hallo?"

Jemand rief. Ich spähte durch meine Finger. Eine Frau beugte sich aus dem Fahrerfenster – hochgestecktes blondes Haar, Stäbchen darin, registrierte ich. Sie rief mir zu:

„Kommst du? Es wird kalt!"

Es ist nichts passiert, Katrina. Nichts passiert! Ich nahm die Hände herunter, atmete aus, die Lähmung löste sich. Erleichterung flutete meinen Körper.

„Oder willst du gar nicht mitfahren?" Der Wind trug ihre Stimme in Fetzen zu mir. Er riss auch an ihrer schönen Hochsteckfrisur.

„Doch! Ich komme!" Ich humpelte vorwärts, so schnell ich konnte. Als ich beim Auto angekommen war und einsteigen wollte, schämte ich mich wegen meiner dreckigen, nassen Stiefel, doch ein Blick ins Wageninnere machte mir klar, dass ich mich deswegen nicht sorgen musste. Buchstäblich jeder Zentimeter war mit Müll bedeckt. Leere Pizzakartons, zerknüllte Einwickelpapiere verschiedenster Süßigkeiten, ausgetrunkene Cola-Zero-Dosen.

Sie bemerkte meinen Blick, sprudelte los: „Frag nicht! Es ist der Wagen meiner Tochter. Am Anfang hab ich den Fehler gemacht, sauber zu machen – aber das löst das Problem nicht. Schieb zur Seite, was stört, aber wirf nichts weg! Sie muss es von selbst wegwerfen wollen, sonst nützt das alles nichts!" Die Frau hatte eine unglaubliche Stimme. Rau, bellend. Wie ein lachender Hund. Mit einer schnellen Handbewegung fegte sie leere Chipstüten vom Beifahrersitz auf den Boden. Ihre vielen Goldarmreifen glitzerten.

Als ich mich setzte, ließ der Schmerz in meinem schwachen linken Bein nach, und am liebsten hätte ich vor Dankbarkeit gestöhnt. Vorsichtig streckte ich das Bein aus, dabei knirschte etwas unter meinen Sohlen. Ich schob den Fuß hin und her. Pflaumenkerne. Kaum saß ich, kapierte ich auch, warum der Wagen geraucht hatte. Er war blau von Zigarettenqualm. Ich roch den Rauch mit meiner zugeschwollenen Nase zwar nicht, aber ich *schmeckte* ihn. Jede Pore dieses Fahrzeugs war verstopft davon. Erschöpft lehnte ich mich zurück. Draußen hatte es angefangen zu graupeln. Wie müde ich war, merkte ich erst jetzt. Das Tuch um mein Gesicht war klatschnass von geschmolzenem Schnee.

„Schöne Armreifen", sagte ich.

„Wie bitte?"

Dass ich es immer wieder vergaß, dass die Leute meine Aussprache so schlecht verstanden ...

TEIL 2

„Die Armreifen“, sprach ich langsam. „Sie. Sind. Schön.“

„Die gehören zum Job“, sagte sie. „Wie das Kleid.“

Sie hatte etwas Goldenes an, das wie eine Theaterrobe um sie herumwallte. Mit der Hochsteckfrisur, diesem Kleid und ihrem Gesicht, dessen Schönheit mir wie ein Echo aus der Vergangenheit erschien – zerschlissen, abblätternd, angegriffen von zu viel Rauch und vom Leben –, wirkte sie wie eine Frau aus einem Traum in Sepia.

Sie fuhr noch nicht los. „Ich muss zwar nur zum Radio“, sagte sie, „die Leute sehen mich also gar nicht. Aber ich brauch das – fürs Gefühl. Man spricht anders mit einem goldenen Kleid, anders als in Jeans und T-Shirt. Man denkt auch anders. Kennst du das?“

„Hm.“ Ich erinnerte mich an mein erstes Kleid. [...]

„Ich bin Josefine“, sagte meine Fahrerin und katapultierte mich aus der Vergangenheit zurück in das schmuddelige Auto. Sie sah mich direkt an, lächelte.

„Katrina.“

„Karzyna? Ist das polnisch?“

„Nein, *Katrina*“, sagte ich so deutlich wie möglich.

Ich erwartete irgendeinen Spruch wegen meiner verschliffenen Aussprache. Oder wegen des Tuchs vor meinem Mund. Ich wappnete mich bereits innerlich. Aber nichts. Ich hatte offenbar Glück.

„Was machst du denn so alleine hier draußen in der Kälte? Wissen deine Eltern, wo du bist? – Wie alt bist du? Fünfzehn? Sechzehn? – Ist das eine Pfadfinderkluft, die du da anhast?“

Ich hätte sauer sein können. Schließlich mischte sie sich ein. Aber sie fragte anders als andere. Nicht, als wollte sie mich aushorchen und festnageln, sondern als würde sie sich wirklich Sorgen machen.

„Ich. Bin. Achtzehn“, sagte ich langsam, stolperte aber trotzdem über einzelne Buchstaben. „Tischlerin. Auf. Der. Walz.[1]“

„Oh. Entschuldigen Sie.“ Sie sah mich genauer an. Sagte aber immer noch nichts wegen des Tuchs. Oder meiner Aussprache. Ich bewunderte die beiläufige Eleganz, mit der sie vom Du zum Sie gewechselt war. „Haben Sie im Motel übernachtet?“

Hatte ich. [...]

„Ich hab mal gehört, dass es so Regeln für Leute wie Sie gibt, die auf der Walz sind“, sagte Josefine in meine Erinnerung hinein. „Sie dürfen für Übernachtungen nicht zahlen, oder?“

Ich nickte.

„Wir Gesellen versuchen da zu wohnen, wo es nichts kostet. Oder wo wir dafür arbeiten“, mühte ich mich durch die Sätze. Alle Worte, für die man die Lippen bewegen musste – B, P, M, F, W –, fielen mir schwer. „Wir übernachten in Pfarrhäusern“, sagte ich. „Wenn es nicht so kalt ist, auch mal in einer Scheune. Im Motel hab ich ein Fenster repariert und durfte danach ein paar Tage umsonst bleiben.“ Leider nicht lange genug, um die Bronchitis loszuwerden.

„Und jetzt wandern Sie weiter?“

„Wir dürfen keine Verkehrsmittel nehmen, die Geld kosten“, sagte ich und bemühte mich wieder sehr um Deutlichkeit.

„Das klingt *anstrengend*! Immer nur laufen und trampen und arbeiten ...“ Sie hielt mir eine Packung Zigaretten hin. Ich lehnte ab. „Nicht mal einen ordentlichen Fußweg haben sie hier gebaut!“, sagte sie und deutete nach draußen. Dann zündete sie sich eine Zigarette an und zog den überquellenden Aschenbecher

raus. „Ein *Skandal* … Jedes Jahr kommen welche um auf dieser Strecke!“
Ich musterte sie von der Seite. Ihr Haar hatte die Farbe von Buchenrinde. Einen wirren Moment lang fragte ich mich, ob es auch so roch.
„Wohin wollen Sie eigentlich?“ Sie blies Rauch aus.
„Am besten in die nächste Stadt. – Ich suche einen Job“, sagte ich und musste dann husten. Ich hustete mich richtig ein, konnte gar nicht mehr damit aufhören.
„Fette Erkältung, hm?“ Sie bellte mir ihr Lachen entgegen, ließ das Fenster auf ihrer Seite runter und die Kälte fegte ins Wageninnere. „Wegen des Rauchs. Sonst ersticken Sie mir noch!“ Sie aschte aus dem Fenster und gab Gas.
„Von mir aus können Sie den Mundschutz abnehmen“, sagte sie und sprach damit erstmals mein Tuch an.
„Nein!“, presste ich heraus. „Auf keinen Fall!“ Ich checkte in Windeseile das Tuch, zog es exakt über Nase und Mund. Achtete darauf, dass nichts als die Augen herausschauten.
„Ach, wissen Sie, bei uns im Sender ist ständig jemand erkältet. Ich hab garantiert alle Bakterien dieser Welt schon durch. Ich bin immun.“ Sie lachte und da beruhigte ich mich und lachte auch.
„Ich lass es besser um“, sagte ich. „Man weiß nie.“ Sollte sie ruhig glauben, das Tuch wäre ein Bakterienschutz.
„Tut mir leid, das mit dem Rauchen“, sagte sie. „Aber ich will den Ascher so vollkriegen, dass er sich nicht mehr schließen lässt. Irgendwann muss bei meiner Tochter doch mal der Punkt erreicht sein, an dem sie sich sagt: Jetzt ist das Maß voll, jetzt spuck ich in die Hände und mach den Dreck weg!“
Sie lachte. „Ich zieh das durch. Ich schwör's Ihnen – und wenn das Auto bis zum Dach hoch verdreckt!“ Ich sah auf den Aschenbecher, in dem nicht nur Kippen, sondern auch zerkaute, graue Kaugummis und ein matschigbraunes Apfelgehäuse lagen.
„Es ist *zutiefst* widerwärtig, ich weiß.“
In Abständen streute sie Betonungen in die Sätze und seltsamerweise musste ich an Zoe[2] denken. Wie sie Lauchringe auf unsere Brote gestreut hatte. Und wie die dann immer besser geschmeckt hatten als ohne.
„Aber ich kann das durchhalten. Wenn's sein muss, *für immer*!“
Josefine war eine der Fahrerinnen, die gern redeten, aber nicht darauf bestanden, dass man auch etwas erwiderte. Ich war froh darüber. Sprechen war anstrengend. […]
„Sie suchen also einen Job? Als Tischlerin?“ Ich mumpfte zustimmend in mein Tuch.
„Möglicherweise weiß ich etwas für Sie“, sagte sie. „Da könnten sie jemanden wie Sie *dringend* gebrauchen.“
„Eine Schreinerei?“
„Nein. Was anderes. Es ist nur ein kleiner Umweg, etwa dreißig Kilometer. Ich bring Sie hin.“
Ich wollte erschrocken abwinken, aber sie hielt meine Hand mitten in der Bewegung auf, drückte sie einfach. „Doch!“, sagte sie. „*Nie im Leben* lasse ich zu, dass Sie da draußen weiterstapfen! Es ist so eisig, dass ein Pinguin erfrieren würde!“
Damit gab sie meine Hand wieder frei. Josefine bevorzugte Gesten, die man auch aus der Ferne verstehen würde. Sie war der Typ für die Bühne. Hinter jedem Satz hörte man Ausrufezeichen. Alles war *für immer, nie, vollkommen* oder *zutiefst*. Kein Mittelmaß. Nur Extreme. Das fand ich gut. Ich hatte

TEIL 2

plötzlich das berauschende Gefühl, sie zu kennen. Das hatte ich noch nie bei jemandem erlebt.
Ja, ich kannte sie. Irgendwie. Nicht aus der Wirklichkeit. Aus einer Sehnsucht.
„Um zu sehen, dass Sie *zusammenbrechen* würden, muss man nicht mal Wahrsagerin sein!“, rief sie.
Josefine war genau das: Wahrsagerin. Buchbar für Betriebsfeiern, Hochzeiten, Geburtstage, erklärte sie mir. Es war seltsam, aber ich stellte mir einen gefährlichen Moment lang vor, mich ihr anzuvertrauen. Mehr noch: mit ihr befreundet zu sein. Immer weiterzufahren mit ihr. Immer weiter in den Schnee hinein ... [...]

1 **auf der Walz:** Wanderschaft eines Handwerksgesellen oder einer -gesellin nach Abschluss der Lehrzeit

2 **Zoe:** Schwester von Katrina

Quelle: Antje Wagner, Hyde. Verlag Beltz & Gelberg, Weinheim und Basel 2018, S. 9 – 16

AUFGABEN zum Leseverstehen

201 Ergänzen Sie die folgende Tabelle zur Erzählerin. ____ / 2 P.

a) Name	
b) Alter	
c) Beruf	

202 Kreuzen Sie an, ob die folgenden Aussagen zur Autofahrerin richtig oder falsch sind. ____ / 2 P.

Aussage	richtig	falsch
a) Sie ist blond.	☐	☐
b) Sie arbeitet beim Radio.	☐	☐
c) Sie ist erkältet.	☐	☐
d) Sie trägt Schmuck.	☐	☐
e) Sie ist auf dem Weg ins Theater.	☐	☐

203 Notieren Sie zwei körperliche Probleme der Erzählerin. ____ / 1 P.

____

____

204 Die Erzählerin trägt ein Tuch vor dem Gesicht. Notieren Sie ...

a) den Bereich des Gesichts, der vom Tuch nicht bedeckt wird. ____ / 1 P.
b) die Vermutung der Fahrerin über die Funktion des Tuchs. ____ / 1 P.
* c) die Aussage der Erzählerin, die verdeutlicht, dass die Fahrerin sich irrt. ____ / 1 P.

a) ______________________________

b) ______________________________

c) ______________________________

Quelle (Aufgaben): Lisum Landesinstitut für Schule und Medien Berlin-Brandenburg 2021

205 Für Handwerker auf der Walz gelten bestimmte Regeln. Ergänzen Sie die folgende Tabelle.

Regel	Umsetzung der Regel	
a)	Gegenleistung erbringen, z. B. Reparaturarbeiten	____ / 1 P.
b) Es dürfen keine Kosten für die Nutzung von Verkehrsmitteln entstehen.		____ / 1 P.

* **206** Erklären Sie die Strategie, mit der die Fahrerin ihre Tochter zur Ordnung erziehen möchte. ____ / 1 P.

____

____

* **207** Die Erzählerin beschreibt die Fahrerin als „Typ für die Bühne“ (Z. 133). Notieren Sie zwei Belege aus den Zeilen 128 – 135, die diese Beschreibung rechtfertigen. ____ / 2 P.

- ______________________________
- ______________________________

* **208** Die Autofahrerin reagiert anders auf die Erzählerin, als diese es erwartet. Notieren Sie zwei Beispiele, die das verdeutlichen. ____ / 2 P.

- ______________________________

  ____
- ______________________________

  ____

* **209** Kreuzen Sie an, ob die folgenden Aussagen zur Autofahrerin richtig oder falsch sind. ____ / 3 P.

Aussage	richtig	falsch
a) Das Erzählverhalten ist auktorial.	☐	☐
b) Der Text erzählt chronologisch.	☐	☐
c) Der Text ist in der Ich-Form verfasst.	☐	☐
d) Der Text ist ausschließlich in Außensicht verfasst.	☐	☐
e) Das Erzähltempus ist Präsens.	☐	☐

Aufgaben zum Leseverstehen: ____ / 18 P.

AUFGABEN zum Sprachwissen und zur Sprachbewusstheit

251 Notieren Sie den folgenden Satz in Standardsprache. ____ / 1 P.

Ich habe eine fette Erkältung.

____

252 Kreuzen Sie an, welcher Satz der Bedeutung des folgenden Satzes entspricht. ____ / 1 P.

Der Zustand des Autos ist widerwärtig.

a) Der Zustand des Autos ist gegenwärtig. ☐
b) Der Zustand des Autos ist widerwillig. ☐
c) Der Zustand des Autos ist widerspenstig. ☐
d) Der Zustand des Autos ist abstoßend. ☐

253 Formen Sie den folgenden Satz in einen Passivsatz um. ____ / 1 P.

Nicht mal einen ordentlichen Fußweg haben sie hier gebaut.

____

★ **254** Notieren Sie eines der im folgenden Satz verwendeten sprachlichen Mittel. ____ / 1 P.

Die Lähmung löste sich langsam.

____

★ **255** Erklären Sie die metaphorische Bedeutung des folgenden Satzes. ____ / 1 P.

Erleichterung flutete meinen Körper.

____

____

____

____

★ **256** Die folgenden Sätze entsprechen dem mündlichen Sprachgebrauch.
Notieren Sie für die Merkmale mündlicher Sprache jeweils das entsprechende Beispiel aus diesen Sätzen.

Es ist nur ein kleiner Umweg. Nur dreißig Kilometer. Ich bring Sie hin.

Merkmal mündlicher Sprache	Beispiel aus den Sätzen	
a) Wortkürzung		____ / 1 P.
b) Ellipse		____ / 1 P.

257 Formen Sie den folgenden Satz in ein Satzgefüge um. Beachten Sie die Zeichensetzung. ____ / 1 P.

Ich schämte mich wegen meiner dreckigen Stiefel.

____

____

Aufgaben zum Sprachwissen und zur Sprachbewusstheit: ____ / 8 P.

Quelle (Aufgaben): Lisum Landesinstitut für Schule und Medien Berlin-Brandenburg 2021

TEIL 3 Die nächste große Welle*

Die nächste große Welle

Im Dezember 2004 rollte ein gewaltiger Tsunami durch den Indischen Ozean und forderte in den Ländern Asiens und Afrikas so viele Menschenleben wie alle anderen historisch belegten Riesenwellen zusammen. So groß danach die Versprechungen waren, die Vorsorgebereitschaft schwindet schon wieder – auch in Europa. Dabei ist auch hier die Gefahr für ein Unglück real.

Wo Tsunamis drohen

- Risiko-Küsten
- Frühwarneinrichtungen
- Entstehungszentren größerer Tsunamis seit 2000

Ungleich verteilt

Auftreten der historisch belegten Tsunamis der vergangenen 4000 Jahre nach Meeresgegend

Schwarzes Meer	3 %
Karibik	5 %
Indischer Ozean	5 %
Rest-Atlantik	6 %
Mittelmeer	17 %
Pazifischer Ozean	64 %

Nicht so selten

Zwischen 1900 bis 2009 wurden rund tausend Tsunamis gezählt, etwa hundert pro Jahrzehnt. 166 davon verursachten größere Schäden

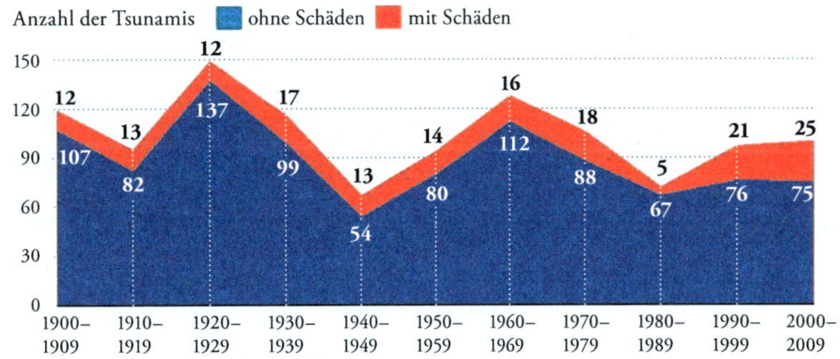

*Aus lizenzrechtlichen Gründen drucken wir hier TEIL 3 aus der Original-Prüfung 2019 ab. Er entspricht in Text- und Aufgabenart der Original-Prüfung 2021.

Lange unsichtbar

Ohne sichtbare Anzeichen rast ein Tsunami über den Ozean.
Eine hohe Welle türmt sich erst an der Küste auf:
Je flacher das Wasser, desto höher wächst und desto langsamer wird sie

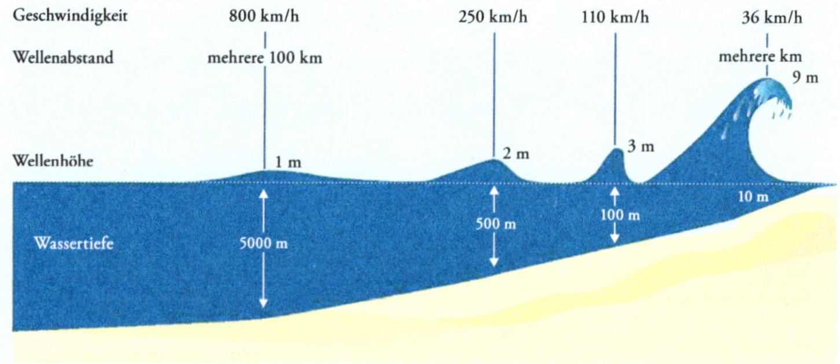

Früh gewarnt

❶ Dutzende Sensoren am Meeresboden messen ständig den Wasserdruck und senden ein Signal, sobald er auffällig ist

❷ GPS-Bojen empfangen das Signal akustisch oder per Kabel und funken es zusammen mit Messungen des Seegangs

❸ Satelliten empfangen diese Informationen und überwachen Veränderungen des Meeresspiegels

❹ Alle Daten werden an den Zentralrechner der Frühwarnstationen übertragen. Scheint ein Tsunami wahrscheinlich, wird dort Alarm ausgelöst – ansonsten wird Entwarnung gegeben

❺ Die zuständigen Behörden verbreiten die Alarmmeldung über Radio, Fernsehen, Internet, Sirenen an den Küsten oder SMS-Mitteilungen – oder sie geben Entwarnung

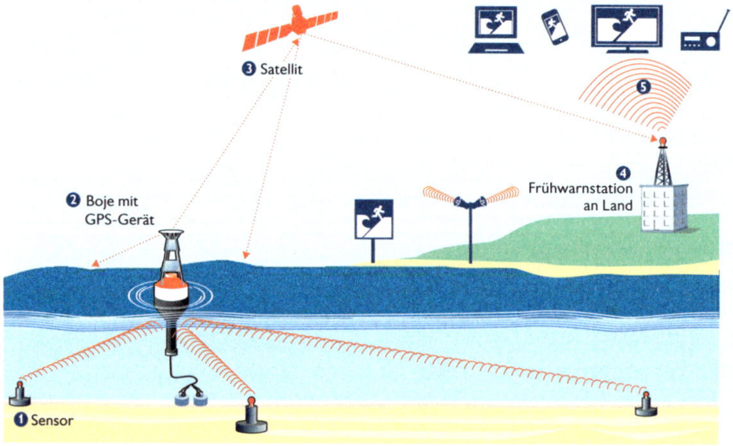

Quelle: Die Zeit Nr. 52, 17.12.2014, S. 37.

Wichtiger Unterschied

Nicht jeder Abschnitt einer Küste ist gleichermaßen bedroht

Spitze Buchten
Am höchsten türmen sich Tsunamiwellen häufig in V-förmigen Buchten auf. An deren Spitze ist die Gefahr am größten.

Flussmündungen
Tsunamiwellen können in Flussmündungen eindringen und auch kilometerweit landeinwärts noch Überschwemmungen auslösen.

Gerade Küstenlinie
An einem flachen, geraden Abschnitt ist die Gefahr zwar geringer. Allerdings: Der Fluchtweg zu höher gelegenem Gelände ist dort oft länger.

Enger Zugang
Buchten mit schmalem Zugang und Häfen mit enger Einfahrt sind meistens recht gut gegen Tsunamiwellen geschützt.

Aufgaben zum Leseverstehen

301 Warum sind auch in Europa Tsunami-Frühwarnsysteme notwendig? ____ / 1 P.

____

302 Die Entstehung von Tsunamis wird durch Frühwarnsysteme angezeigt.
Ordnen Sie die Phasen des Frühwarnsystems in der richtigen Reihenfolge. ____ / 1 P.

	Nummer
a) Die Bevölkerung wird über die Tsunami-Gefahr informiert.	
b) Bojen registrieren Signale und leiten diese an den Satelliten weiter.	
c) Sensoren am Meeresboden geben auffällige Veränderungen weiter.	
d) Satelliten überwachen Veränderungen des Meeresspiegels und leiten Informationen weiter.	
e) Messdaten werden zentral ausgewertet.	

303 Die Entstehung eines Tsunamis folgt bestimmten Gesetzmäßigkeiten.
Vervollständigen Sie dementsprechend die folgenden Sätze.

a) Je tiefer das Wasser, umso ____________________ die Geschwindigkeit der Welle. ____ / 1 P.

b) Je langsamer die Welle, umso ____________________ ihre Höhe. ____ / 1 P.

304 An einer Küste soll ein Hotel errichtet werden.
Wie muss die Küste beschaffen sein, damit das Hotel bestmöglich vor den Folgen von Tsunamis geschützt ist?
Geben Sie zwei Küstenformen an. ____ / 2 P.

- ____
- ____

305 Kreuzen Sie an, ob die folgenden Aussagen richtig oder falsch sind. ____ / 3 P.

Aussage	**richtig**	**falsch**
a) Die meisten schweren Schäden durch Tsunamis sind im letzten Jahrzehnt, das in der Grafik abgebildet wird, entstanden.	☐	☐
b) Es gab seit 1900 kein Jahrzehnt, in dem Tsunamis keine Schäden anrichteten.	☐	☐
c) Die meisten Tsunamis gab es zwischen 1920 und 1929.	☐	☐
d) Weltweit gab es zwischen 1900 und 2009 Tausende Tsunamis.	☐	☐
e) Um 1900 richteten Tsunamis die wenigsten Schäden an.	☐	☐

Quelle (Aufgaben): Lisum Landesinstitut für Schule und Medien Berlin-Brandenburg 2019

★ **306** Begründen Sie, warum die folgende Aussage falsch ist. ____ / 1 P.

Am Schwarzen Meer kann kein Tsunami auftreten.

___

___

___

___

★ **307** Die Legende (Zeichenerklärung) „Wo Tsunamis drohen“ enthält ein Symbol zu Entstehungszentren größerer Tsunamis seit 2000, welches in der dazugehörigen Grafik „Europas Küsten“ nicht abgebildet ist. Welche Erkenntnis leiten Sie daraus ab? ____ / 1 P.

___

___

___

Aufgaben zum Leseverstehen: ____ / 11 P.

TEIL 4 Richtig schreiben

AUFGABEN zur Rechtschreibung

401 Welche Strategie wenden Sie an, um das Wort **„unzählige“** an der markierten Stelle richtig zu schreiben?
Kreuzen Sie jeweils die zutreffende Rechtschreibstrategie an.

a) e oder ä? ____ / 1 P.
unz**ä**hlig

1. Ich bilde ein stammverwandtes Wort. ☐
2. Ich erkenne ein typisches Adjektivsuffix. ☐
3. Ich trenne das Wort. ☐

b) u oder U? ____ / 1 P.
unzählig

1. Ich zerlege das Wort in seine Bestandteile. ☐
2. Ich bilde den Plural. ☐
3. Ich erkenne ein typisches Adjektivsuffix. ☐

c) g oder ch? ____ / 1 P.
unzähli**g**

1. Ich verlängere das Wort. ☐
2. Ich trenne das Wort. ☐
3. Ich bilde ein stammverwandtes Wort. ☐

402 „Das" oder „dass"?

a) Kreuzen Sie an, welche Schreibweise im folgenden Satz jeweils richtig ist. ____ / 2 P.

☐ Dass / ☐ Das Influencer viel Geld verdienen können, ☐ dass / ☐ das liegt auf der Hand.

b) Notieren Sie eine Strategie, mit der Sie Ihre Entscheidungen begründen können. ____ / 1 P.

____

____

403 „Wider" oder „wieder"? Kreuzen Sie entsprechend an.

a) Er möchte sie widersprechen. ☐
Er möchte sie wieder sprechen. ☐ ____ / 1 P.

b) Er möchte ihr widersprechen. ☐
Er möchte ihr wieder sprechen. ☐ ____ / 1 P.

404 Ergänzen Sie die Tabelle, indem Sie der Schreibung der unterstrichenen Wörter die jeweilige Rechtschreibregel zuordnen.

Regel:
1) Nomen werden großgeschrieben.
2) Nominalisierte Verben werden großgeschrieben.
3) Verben werden kleingeschrieben.
4) Adjektive werden kleingeschrieben.

	Nummer der Regel
a) Die <u>JUNGEN</u> sind leicht beeinflussbar.	
b) Die <u>JUNGEN</u> Stars sind Vorbilder.	

a) ____ / 1 P.
b) ____ / 1 P.

Richtig schreiben: ____ / 10 P.

Quelle (Aufgaben): Lisum Landesinstitut für Schule und Medien Berlin-Brandenburg 2021

TEIL 5 Überarbeiten eines Textes

Die folgenden Informationen über einheimische und exotische Mücken enthalten einige Fehler.

Korrigieren Sie nur den jeweiligen Fehler.

R – Rechtschreibfehler
Z – Zeichensetzungsfehler
G – Grammatikfehler
A – Ausdrucksfehler

AUFGABEN zur Überarbeitung eines Textes

Nr.	Text	Fehler	Punkte
501	Nur die weiblichen Mücken überleben den Winter an kühlen feuchten und geschützten Stellen.	Z *(Korrigieren Sie direkt im Text.)*	____ / 1 P.
502	So bald die Temperaturen wieder steigen, werden sie ins Freie gelockt.	R	____ / 1 P.
* 503	Von den Witterungsverhältnissen im Frühling hängt es ab, wie viele Mücken es im kommenden Sommer gegeben hat.	G (Tempus)	____ / 1 P.
504	Die blutsaugenden Insekten brauchen feuchte Brutplätze, um ihre Eier abzulegen zu können.	G (Satzbau)	____ / 1 P.
505	Sind Überflutungsflechen im Frühling zu trocken, werden sie in ihrer Vermehrung ausgebremst.	R	____ / 1 P.
506	Allerdings können die abgelegten Eier dort Jahre überdauern, bis das nähste Hochwasser kommt.	R	____ / 1 P.
* 507	Die nach Deutschland eingewanderten Mückenarten fühlen sich in der Trockenheit megawohl.	A (Umgangssprache)	____ / 1 P.
* 508	Während einheimische Arten tiefe Wasserflächen für die Eiablage brauchen, reichen die Exoten kleine Gefäße mit geringem Wasserstand.	G (Kasus)	____ / 1 P.
509	Exotische Mückenarten sind so gefährlich da sie schwere Tropenkrankheiten auf den Menschen übertragen können.	Z *(Korrigieren Sie direkt im Text.)*	____ / 1 P.
510	Diese Mückenarten können sich besser vermehren, sodass die Temperaturen steigen.	G (Konjunktion)	____ / 1 P.

Überarbeiten eines Textes: ____/ 10 P.

Quelle (Aufgaben): Lisum Landesinstitut für Schule und Medien Berlin-Brandenburg 2021

TEIL 6 Erstellen eines Schreibplans

Können Streaming-Dienste den Besuch von Kultur- und Sportveranstaltungen ersetzen?

Seit einiger Zeit erfreuen sich Streaming-Dienste immer größerer Beliebtheit. Durch ihre Dienste können auch Kultur- und Sportveranstaltungen miterlebt werden.
In Ihrem Unterricht sollen die Vor- und Nachteile von Übertragungen solcher Erlebnisse durch Streaming-Dienste diskutiert werden.
Verfassen Sie in Vorbereitung auf die Diskussion eine Erörterung, in der Sie deren Vor- und Nachteile deutlich machen.

Lesen Sie zunächst folgende Meinungen.

Ich kann mir meinen Sport ansehen, wann immer ich es will.

Meine Lieblingsband verdient nichts, wenn ich ihren Auftritt nur streame.

Eine Eintrittskarte kann ich mir nicht leisten.

Mit den Massen zu feiern macht viel mehr Spaß, als alleine zu Hause zu tanzen.

Aufgaben Erstellen eines Schreibplans

Vervollständigen Sie stichwortartig den nachfolgenden Schreibplan in Form eines Gliederungsrasters. Gehen Sie dabei wie folgt vor:

a) Entscheiden Sie, welche der beiden vorgegebenen Positionen Sie als These und Gegenthese verwenden wollen. Streichen Sie die jeweils für Ihren Schreibplan nicht zutreffende These und Gegenthese durch.
b) Leiten Sie aus den vorgegebenen Meinungsäußerungen zwei Pro- und zwei Kontra-Argumente ab.
c) Stützen Sie die Argumente mit jeweils einem Beleg oder Beispiel. Sie müssen dabei auch auf Ihr Alltagswissen und eigene Erfahrungen zurückgreifen.
* d) Formulieren Sie noch ein weiteres Pro- und Kontra-Argument und stützen Sie jedes mit einem eigenen Beleg oder Beispiel.
e) Ergänzen Sie Ihre Überlegungen für Einleitung und Schluss des Beitrags, wobei der Schluss Ihre Meinung widerspiegeln soll.
* f) Ziehen Sie ein Fazit und formulieren Sie dementsprechend eine Empfehlung.

Quelle (Aufgaben): Lisum Landesinstitut für Schule und Medien Berlin-Brandenburg 2021

Gliederungsraster:

	1. Einleitung		
601	Schreibanlass		____ / 1 P.
602	Hinführung zum Thema		____ / 1 P.
	2. Hauptteil		
	These **oder** Gegenthese	Streaming-Dienste ersetzen den Besuch von Kultur- und Sportveranstaltungen. **oder** Streaming-Dienste können den Besuch von Kultur- und Sportveranstaltungen nicht ersetzen.	
603	1. Argument	•	____ / 1 P.
604	Beleg / Beispiel	•	____ / 1 P.
605	2. Argument	•	____ / 1 P.
606	Beleg / Beispiel	•	____ / 1 P.
* 607	3. Argument	•	____ / 1 P.
* 608	Beleg / Beispiel	•	____ / 1 P.
	These **oder** Gegenthese	Streaming-Dienste ersetzen den Besuch von Kultur- und Sportveranstaltungen. **oder** Streaming-Dienste können den Besuch von Kultur- und Sportveranstaltungen nicht ersetzen.	
609	1. Argument	•	____ / 1 P.
610	Beleg / Beispiel	•	____ / 1 P.

611	2. Argument	•	____ / 1 P.
612	Beleg / Beispiel	•	____ / 1 P.
★ 613	3. Argument	•	____ / 1 P.
★ 614	Beleg / Beispiel	•	____ / 1 P.
	3. Schluss		
615	persönliche Meinung		____ / 1 P.
★ 616	Fazit		____ / 1 P.
★ 617	eine Empfehlung		____ / 1 P.

Erstellen eines Schreibplans: ____/ 17 P.

Quelle (Aufgaben): Lisum Landesinstitut für Schule und Medien Berlin-Brandenburg 2021

TEIL 7 Umsetzung des Schreibplans: Verfassen einer Erörterung

Verfassen Sie die Erörterung auf der Grundlage Ihres Schreibplans. Verwenden Sie zum Schreiben gesonderte Blätter.

Können Streaming-Dienste den Besuch von Kultur- und Sportveranstaltungen ersetzen?

...

		*Additum	Fundamentum	Erreichte Punktzahl
701	Einhalten der Gliederung	1	1	____ / 2 P.
702	Schreibfunktion	3	2	____ / 5 P.
703	Sprachliche Darstellungsleistung	2	2	____ / 4 P.
704	Sprachliche Korrektheit (Grammatik)		2	____ / 2 P.
705	Sprachliche Korrektheit (Rechtschreibung)		2	____ / 2 P.
706	Sprachliche Korrektheit (Zeichensetzung)		2	____ / 2 P.
707	Lesefreundliche Form (Übersichtlichkeit / Schriftbild)		1	____ / 1 P.

Verfassen einer Erörterung: ____ / 18 P.

Quelle (Aufgaben): Lisum Landesinstitut für Schule und Medien Berlin-Brandenburg 2021

H 5 Original-Prüfungsaufgaben 2022

TEIL 1 * Her mit dem Stress *Eva-Maria Träger*

Im Grunde ist das mit dem Stress ein einziges großes Missverständnis. Er habe sich schlicht vertan, gestand Hans Selye, der Forscher, der den Begriff prägte, 1977 in seinen Memoiren[1]. In der Physik beschreibt das englische Wort „stress" die Kraft, die auf ein Objekt wirkt. „Strain" hingegen steht für die daraus resultierende Verformung dieses Körpers, für seine Reaktionen auf eine Belastung – genau das, was Selye analog beim Menschen zu benennen suchte. [...]

Als im Januar die Bundesanstalt für Arbeitsschutz und Arbeitsmedizin den „Stressreport 2012" veröffentlichte, [...] schien dieser doch zu bestätigen, was viele Menschen längst zu wissen glaubten: Das Arbeitspensum in der modernen Welt überfordert immer mehr Menschen, macht sie krank. Mehr als die Hälfte der fast 18 000 Befragten gab darin etwa an, verschiedenartige Arbeiten gleichzeitig betreuen zu müssen und unter „starkem Termin- und Leistungsdruck" zu leiden. [...]
Das Klageniveau dürfte höchst unterschiedlich sein. „Keiner kann von außen bestimmen, was für den Einzelnen Stress ist", sagt Gerald Hüther, Professor für Neurobiologie an der Klinik für Psychiatrie und Psychotherapie in Göttingen. „Entscheidend ist die subjektive Bewertung. Ob etwas als Stressor[2] eingestuft wird, hängt von den Erfahrungen ab, die der Mensch gesammelt hat", sagt der Hirnforscher. Was für den einen aufgrund seiner Erlebnisse handhab- und überwindbar ist, was er einordnen und mit Sinn versehen kann, kann einem anderen gänzlich überfordernd erscheinen und infolgedessen zu Stressreaktionen führen. Doch so anders die Anlässe auch sein mögen: Die Reaktionen, die dann im Körper ausgelöst werden, sind die gleichen, wie sie schon unsere ältesten Urahnen erlebt haben.
Im Gehirn wird eine Reaktionskette ausgelöst, sagt Hüther. Das Nervensystem signalisiert dem Nebennierenmark, Adrenalin auszuschütten, Blutdruck, Puls, Hautwiderstand und Muskelaktivität steigen, die Darmtätigkeit ist gehemmt. Der Körper ist in Alarmbereitschaft. Mit „fight or flight", Kampf oder Flucht, hat Walter Cannon, der zweite große Pionier der Stressforschung neben Selye, diese Reaktionen 1915 beschrieben – es geht um eine subjektive Bewertung von Gefahr. Frauen scheinen dabei allerdings weniger heftig zu reagieren als Männer und neigen zur Bewältigung offenbar auch eher zur Bildung von sozialen Netzwerken, wie neuere Studien der amerikanischen Psychologin Shelley Taylor nahelegen. „Tend and befriend", Hüten und Befreunden, statt „fight or flight", wohl evolutionär bedingt: Mit Nachwuchs kämpft und flüchtet es sich einfach schwerer.
Etwa zehn Minuten nach der Adrenalinausschüttung folgt dann Cortisol, das den Körper vor den ungünstigen Folgen einer zu langen Hochaktivierung durch Adrenalin schützen soll und gleichzeitig für eine erhöhte, länger anhaltende Wachsamkeit auf einem niedrigeren Niveau sorgt. [...]

* Aus lizenzrechtlichen Gründen drucken wir hier TEIL 1 aus der Original-Prüfung 2018 ab. Er entspricht in Text- und Aufgabenart der Original-Prüfung 2022.

TEIL 1

Stress bedeutet damit zunächst einmal nicht mehr, als dass der Körper in der Folge einer wahrgenommenen Belastung besonders leistungsbereit ist – eine Mobilisierung, die nicht nur bei einer Bedrohung der körperlichen Unversehrtheit nützlich ist. „Ohne Stress würden wir uns gar nicht weiterentwickeln“, sagt Gerald Hüther. Belastung stärkt, Belastung stählt. Wer keine Rückschläge erleidet, keine Krisen meistert, kann nicht über sich hinauswachsen und Vertrauen in die eigenen Fähigkeiten entwickeln. Kurz: Wer keinen Stress erlebt, hält nichts aus.

Auch Helen Heinemann, Gründerin des privaten „Instituts für Burnout-Prävention“ in Hamburg, kann Stress viel abgewinnen: „Da bin ich superwach, superkonzentriert und kann alles, was unwichtig ist, fallenlassen“, sagt sie, ein „Wohlgefühl“ sei das, zunächst. Schwierig wird es, wenn sie die aufgebaute Spannung nicht zeitnah abbauen kann, sagt die Pädagogin mit psychotherapeutischer Ausbildung. Wegrennen, schreien, sich auf einen Baum retten: Im Büro geht all das nicht. Wir erleben zwar körperlich das Gleiche wie unsere Vorfahren in der afrikanischen Savanne, doch unsere Bewältigungsstrategien müssen zwangsläufig andere sein – wohldosierte Pausen zum Beispiel. [...]

Beim Stressreport 2012 etwa hat mehr als ein Viertel der Befragten angegeben, häufiger Pausen ausfallen zu lassen, obwohl diese nachweislich die Leistungsfähigkeit steigern. Für Heinemann auch ein Problem der vorherrschenden Arbeitskultur. Pausen und Leistung vertragen sich für die Deutschen nicht. [...]

Es ist die Dosis, die das Gift macht, auch beim Stress, entscheidend sind Dauer und Intensität. So wirkt ein gewisses Maß an körperlicher Erregung beispielsweise positiv auf die Gedächtnisleistung. Ein hoher Stresslevel dagegen führt zum Gegenteil – wenn auch einige Studien nahelegen, dass Reize, die gedanklich mit der Gefahr verknüpft sind, dann besser behalten werden. Extreme Stresssituationen aber können sogar zu einem Verlust der Erinnerung führen, zu einer psychogenen Amnesie. Und Dauerstress, darin sind sich die Forscher einig, wirkt schädlich auf den gesamten Organismus.

Der amerikanische Neuroendokrinologe[3] Bruce McEwen sieht das Gehirn als „zentrales Organ der Stressreaktion“, das sich der Daueraktivierung durch eine Veränderung der neuronalen und neurochemischen Strukturen anpasst. Das wiederum erhöht das Risiko von depressiven Verstimmungen, erhöhtem Blutdruck, verminderter Leistungsfähigkeit und anderen mit anhaltendem Stress verbundenen Langzeitfolgen – Gesundheitsschäden für den Einzelnen und die Gesellschaft, die sich vermeiden lassen. Dass so viele Gestresste sich trotz wiederholten Klagens schwertun, ihr Leben zu ändern, ist auch ein Resultat des Strebens nach Anerkennung. Man will jemand sein, sich etwas leisten können. Und vieles an ihrer Arbeit mache den Leuten, die zu ihr kommen, auch Spaß, sagt Heinemann. Sie sind im „Flow“, so der Begriff. [...] Wer eine Tätigkeit erledigt, die er als in idealem Maße fordernd erlebt, empfindet eine tiefe, alles andere ausblendende Freude – ein Hochgefühl, das nicht selten dazu führt, dass das eigene Leben nur noch auf dieser einen Säule, dem Job, ruht. [...]

Von einem „Machbarkeitswahn“ spricht Heinemann, von dem Gefühl: Jeder ist seines Glückes Schmied, trägt damit aber auch die Bürde des Scheiterns allein. Wer alles werden, alles erreichen kann, das aber dennoch nicht schafft, ist selbst schuld. Dabei stecken oftmals ungünstige Bedingungen dahinter, womöglich ein falscher, weil nicht passender Job.

Für Gerald Hüther ist Vertrauen deshalb eines der wichtigsten Mittel gegen Stress, auf dreierlei Ebenen: Vertrauen in eigene Kompetenzen, gestärkt durch das Überwinden von schwierigen Situationen. Vertrauen in das große Ganze, positive Erwartungen an das Leben und Vertrauen in andere, in Familie, Freunde, Vertraute – „psychosoziale Unterstützung“, wie Psychologen es nennen. Wenn dieser „dreibeinige Hocker“, wie Hüther sagt, stabil steht, „kann man da auch mit einem 50-Kilo-Sack hochsteigen“. Wenn die Beine dagegen dürr sind, der Hocker klapprig, reichen schon fünf Kilo, um einzubrechen. […]

Als „Stresspuffer“ funktioniert eine Gruppe allerdings nur, wenn man sich ihr zugehörig fühlt, durch gemeinsame Ziele etwa oder durch Ähnlichkeiten in Alter, Einstellungen, Vorlieben. Nur dann werden die Unterstützungsangebote der anderen als wohlwollend empfunden und nicht als Vorwurf interpretiert, man sei nicht in der Lage, das Problem allein zu lösen.

Für Stressforscher McEwen gehört soziale Unterstützung zu den eigentlich „einfachen und offensichtlichen“ Maßnahmen, mit denen man den schädlichen Langzeitfolgen von Dauerstress entgegentreten kann. Viel Schlaf, guten Schlaf zählt er auch dazu, gesunde Ernährung, sportliche Betätigung, eine positive Lebenseinstellung. […]

1 **die Memoiren:** Lebenserinnerungen

2 **der Stressor:** Auslöser für Stress

3 **der Neuroendokrinologe:** Wissenschaftler, der die Wechselwirkung des Hormonhaushaltes mit dem Nervensystem untersucht

Quelle: Der Tagesspiegel, 20.04.2013. https://www.tagesspiegel.de/wissen/warum-wir-den-druck-brauchen-6960475.html (aufgerufen am 30.09.2022)

AUFGABEN zum Leseverstehen

101 Notieren Sie, wofür die Begriffe „stress“ und „strain“ in der Physik stehen. ____ / 1 P.

englischer Begriff	physikalische Bedeutung
a) stress	
b) strain	

* **102** Notieren Sie, inwiefern der Begriff „stress“ von Hans Selye falsch verwendet wurde. ____ / 1 P.

____

____

____

* **103** Wovon hängt es nach Gerald Hüther ab, ob ein Mensch eine Situation als „stressig“ empfindet? ____ / 1 P.

____

____

Quelle (Aufgaben): Lisum Landesinstitut für Schule und Medien Berlin-Brandenburg 2018

★ **104** Nummerieren Sie die Abfolge der Reaktionen des Menschen auf Stress. ____ / 1 P.

	Nummer
a) Wahrnehmung eines Stressfaktors	
b) Ausschüttung von Adrenalin	
c) Botschaft an das Nebennierenmark	
d) Ausschüttung von Cortisol	

105 Was bewirken die Hormone Adrenalin und Cortisol im Körper?

Hormone	Wirkung	
a) Adrenalin		____ / 1 P.
b) Cortisol		____ / 1 P.

106 Kreuzen Sie an, ob die folgenden Stressoren im Text genannt werden. ____ / 2 P.

	ja	nein
a) Leistungsdruck	☐	☐
b) Nikotin	☐	☐
c) Mobbing	☐	☐
d) Termindruck	☐	☐
e) Arbeitspensum	☐	☐

107 Notieren Sie

a) zwei positive Auswirkungen von Stress.
b) zwei negative Auswirkungen von Stress.

	Auswirkungen	
a) positiv	• •	____ / 1 P.
b) negativ	• •	____ / 1 P.

Quelle (Aufgaben): Lisum Landesinstitut für Schule und Medien Berlin-Brandenburg 2018

108 Frauen und Männer bewältigen Stress unterschiedlich.

Notieren Sie, wie

a) Männer häufig Stress bewältigen. ____ / 1 P.

____

b) Frauen häufig Stress bewältigen. ____ / 1 P.

____

109 Notieren Sie die drei Ebenen des Vertrauens, die durch den „dreibeinigen Hocker" symbolisiert werden. ____ / 3 P.

- ______________________________
- ______________________________
- ______________________________

⋆ **110** Wenn sich Menschen im „Flow" befinden, erleben sie ihre Tätigkeit als fordernd und erfüllend.

Erklären Sie, weshalb dieser „Flow" auch zu negativem Stress führen kann. ____ / 1 P.

____

____

____

⋆ **111** Der Titel des Textes heißt „Her mit dem Stress".

a) Erläutern Sie die Bedeutung des Titels im Textzusammenhang. ____ / 1 P.

____

____

____

b) Notieren Sie, welcher Aspekt des Textes im Titel nicht berücksichtigt wird. ____ / 1 P.

____

____

____

Aufgaben zum Leseverstehen: ____ / 18 P.

Quelle (Aufgaben): Lisum Landesinstitut für Schule und Medien Berlin-Brandenburg 2018

AUFGABEN zum Sprachwissen und zur Sprachbewusstheit

151 Was bedeutet das Wort „Arbeitspensum“? ____ / 1 P.

a) die Verlängerung der Arbeitszeit ☐
b) die Schwierigkeit der Arbeit ☐
c) der Umfang der zu erledigenden Arbeit ☐
d) die Bezahlung für die geleistete Arbeit ☐

152 Was bedeutet die folgende Redewendung?

Jeder ist seines Glückes Schmied. ____ / 1 P.

____

____

____

____

153 Aus welchem Grund wird im folgenden Satz der Konjunktiv verwendet? ____ / 1 P.

Er habe sich schlicht vertan, gestand Hans Selye.

a) zur Darstellung einer Möglichkeit ☐
b) zur Darstellung einer irrealen Situation ☐
c) zur Darstellung einer Behauptung ☐
d) zur Darstellung einer indirekten Rede ☐

* **154** Notieren Sie zwei Stilmittel, die in dem folgenden Satz verwendet werden. ____ / 1 P.

Belastung stärkt, Belastung stählt.

- ______________________________
- ______________________________

* **155** Vervollständigen Sie den folgenden Satz so, dass er keine Ellipse enthält. ____ / 1 P.

Sie sind im „Flow“, so der Begriff.

____

____

____

Quelle (Aufgaben): Lisum Landesinstitut für Schule und Medien Berlin-Brandenburg 2018

★ **156** Bestimmen Sie in den folgenden Sätzen, was die unterstrichene Konjunktion jeweils ausdrückt. Nummerieren Sie entsprechend.

1. Einräumung
2. Bedingung
3. zeitliches Verhältnis

	Nummer	
a) Wenn man gemeinsame Ziele hat, fühlt man sich einer Gruppe zugehörig.		____ / 1 P.
b) Als der „Stressreport 2012“ veröffentlicht wurde, erfuhr niemand etwas wirklich Neues.		____ / 1 P.
c) Viele lassen häufiger Pausen ausfallen, obwohl diese nachweislich die Leistungsfähigkeit steigern.		____ / 1 P.

157 Unterstreichen Sie jeweils das nominalisierte Wort. ____ / 1 P.

a) das Resultat des Strebens

b) das Beschriften des Behälters

Aufgaben zum Sprachwissen und zur Sprachbewusstheit: ____ / 9 P.

Quelle (Aufgaben): Lisum Landesinstitut für Schule und Medien Berlin-Brandenburg 2018

TEIL 2 Grüne Gurken *Lena Hach*

Die Tür fällt hinter mir ins Schloss. Im gleichen Moment wird mir klar: Ich habe nicht an den Schlüssel gedacht. Der baumelt entspannt am Brett auf der anderen Seite. Natürlich habe ich auch kein Handy dabei. Das ist mal wieder typisch. Zu Hause – und mit *zu Hause* meine ich mein Dorf in Hessen und werde es immer meinen – hätte ich jetzt mehrere Möglichkeiten. Ich könnte zu Daniel fahren. Ich könnte zu Daniel laufen. Oder den Ersatzschlüssel aus dem Blumenkasten buddeln. Aber in diesem Mietshaus gibt es keinen Blumenkasten – nur jede Menge Müllcontainer. Da wird zwar alles reingestopft, aber garantiert kein Zweitschlüssel für das 2. OG rechts.

Leider habe ich keine Ahnung, wann meine Eltern zurückkommen. Sie sind mit irgendwelchen neuen Kollegen zum Abendessen verabredet und wenn es gut läuft, gehen sie anschließend noch in eine Bar. Fast schon peinlich, wie versessen die beiden darauf sind, hier in Berlin direkt Anschluss zu finden.

Mein Magen knurrt. Das erinnert mich daran, warum ich überhaupt im Treppenhaus stehe. Ich habe wahnsinnigen Hunger. Seit wir hierhergezogen sind, kochen wir abends kaum noch zusammen. Dabei ist das eigentlich unser Familiending. Mama ist fürs Gemüse zuständig, ich für die Kräuter und Papa darf Zwiebeln schnippeln. Ausgefallene Pasta-Soßen sind unsere Spezialität. [...]

Damit eines klar ist: Auch für meinen Vater bedeutet die Hauptstadt einen Karrieresprung. Er darf hier in einem schicken Institut arbeiten – zusammen mit jeder Menge anderer Physik-Nerds, die alle die gleiche schmutzige Brille tragen. Bestimmt ist es schon deutlich geworden: Meine komplette Familie ist überdurchschnittlich clever. Ich bin die unfreiwillige Ausnahme. Deshalb halte ich das Ergebnis meines letzten IQ-Tests auch geheim. Es reicht zu wissen, dass ich damit kein Mitglied im Verein der Intelligenzbestien werden kann. Den Verein gibt es wirklich. Nur heißt er anders, irgendwas mit *Gesellschaft* und *hochbegabt*. Oder war es *Gemeinschaft* und *gottbegnadet*? (Das gehört zu den Dingen, die ich verdränge.) Verständlicherweise sind meine Eltern enttäuscht. Schon ihre Eltern und Großeltern waren in dem Verein. Es ist sozusagen Familientradition. Wie Käsefondue zum Jahreswechsel. Und Sommerurlaub in der Toskana. Der übrigens in diesem Jahr zum allerersten Mal ausgefallen ist. Weil: Wichtigeres. Nämlich: Umzug. Auf jeden Fall haben meine Eltern mich noch nicht aufgegeben. Jahr für Jahr schleppen sie mich in ein wechselndes Konferenzhotel zur offiziellen Aufnahmeprüfung. Da schwitze ich dann zwischen anderen, mehr oder weniger ehrgeizigen, Sprösslingen von definitiv ehrgeizigen Menschen. Und wir alle suchen das nächste logische Zeichen für irgendeine bescheuerte Reihe. Muss ich erwähnen, dass meine Cousins und Cousinen es auf Anhieb geschafft haben? Deshalb verbringen sie diese Ferien auch alle zusammen in einem Hochbegabten-Camp im Schwarzwald. Enno, der älteste, hat meinen Eltern eine Postkarte geschickt. Auf Esperanto. Lesen konnte ich die nicht. Aber ich kann mir auch so denken, was meine Cousins und Cousinen da machen. Wenn sie nicht gerade Karten in einer künstlichen Sprache verfassen. Garantiert lösen sie von morgens bis abends mathematische Probleme, spalten zur Entspannung ein paar Atome, um danach kosmische Wurmlöcher zu erforschen. Und vor dem Zähneputzen wird schnell noch die Relativitätstheorie relativiert.

Ich meine, Kanufahren wäre doch auch eine Option! Also, für mich nicht. Ich bin unsportlich. Was natürlich auch nicht fair ist. Denn einem Hochbegabten verzeiht man Unsportlichkeit nicht nur, die wird geradezu erwartet. Aber ein durchschnittsschlauer Mensch wie ich sollte durchaus in der Lage sein, über einen Bock zu springen. Ohne erst mal breitbeinig darauf sitzen zu bleiben. Statt in irgendeinem Sportverein oder auf einer Joggingstrecke zu schwitzen, verbringe ich meine freie Zeit am liebsten zu Hause. Meistens zeichne ich Grafiken. Andere schreiben Tagebuch, ich klappe den Laptop auf und entwerfe Torten-, Block- und Mengendiagramme. Graphen finde ich auch ganz toll. Geht schneller als dieses *Liebes-Tagebuch-Blabla* und macht mehr Spaß – ist allerdings genauso privat. Und anders als etwa beim Sport kann dabei nicht viel schiefgehen. Okay, einmal bin ich vom Stuhl gefallen und habe mir den Stift ins Auge gerammt. Schön ist was anderes. Jedenfalls fühle ich mich drinnen eindeutig wohler als draußen. Vor allem seit wir in Berlin leben. Deshalb werde ich auch nervöser, je mehr ich mich dem Kiosk nähere. SPÄTI steht in fetten Leuchtbuchstaben über der Tür. Ich war noch nie drin in dem Laden, den ich auch von meinem Zimmer aus sehen kann. Aber ich habe den Verdacht, da werden Drogen vertickt. Oder Schlimmeres. Wobei mir nicht klar ist, was schlimmer sein könnte. (Vielleicht ausgestopfte Robbenbabys.) [...]

Mit angehaltenem Atem öffne ich die Kiosktür. Wahrscheinlich wäre ich trotz meines Looks wirklich nicht aufgefallen. Wenn ich darauf verzichtet hätte, das Regal mit den Konserven umzureißen.

„Oh nein, nein, bitte nicht“, murmle ich. Das interessiert die Dosen natürlich kein bisschen. Die fallen trotzdem. Bestimmt 30 Stück – alles Kichererbsen. Ich stehe da wie gelähmt und weiß nicht, was ich tun soll. Mich sofort auf den Boden knien und die Dosen aufsammeln? Oder erst mal nach hinten gehen und mich entschuldigen? Der Typ hinter dem Tresen tippt angestrengt auf seinem Handy herum – als wäre nichts passiert. Hat er den Krach nicht gehört? Ist das überhaupt möglich? Ich frage mich gerade, welche Rolle seine potenzielle Schwerhörigkeit für mein weiteres Vorgehen spielt, als der Typ zu fluchen beginnt.

„Scheiße!“, ruft er. „Verdammte Scheiße!“

Der Typ ist gigantisch. Groß und breit. Seine Haare sind so kurz, dass man es wohl schon Glatze nennt. Außerdem hat er nur ein Unterhemd an. Also obenrum. Die Wahrscheinlichkeit, dass er auch eine Hose trägt, ist zugegebenermaßen hoch. Nur kann ich die von hier aus eben nicht sehen. Am auffälligsten sind seine Arme: Von der Schulter bis zum Handgelenk schlängeln sich dunkle Muster über die Haut. Dadurch wirkt er fast schon wieder richtig angezogen.

„So eine verdammte Scheiße!“, ruft der Typ noch einmal.

„Tut – tut mir leid“ stammle ich. „Ich kauf die Dosen.“ Ess ich für den Rest meines Lebens halt Hummus.

„Was?“, fragt der Typ. Wie in Zeitlupe legt er sein Handy zur Seite. Er scheint grundsätzlich eher von der langsamen Sorte zu sein.

„Ich kauf die Dosen“, sage ich.

„Was denn für Dosen?“

Ist das sein Ernst? Anstatt eine Antwort zu geben, wedele ich mit beiden Händen in der Luft herum. In etwa dort, wo eben noch das Regal stand. Da kapiert der Typ endlich. Er zieht die Augenbrauen zusammen, bis sie sich fast berühren. Und dann beginnt er zu lächeln.

„Du kaufst die Dosen nicht“, sagt er. „Du verkaufst die.“

„Hä?“, mache ich. Inzwischen bin ich mir sicher, dass der Typ einen an der Waffel hat. In dieser Stadt gerate ich ständig an so Leute, vor allem in der Bahn. Im Ernst, meine Trefferquote, mich neben den einzig Verrückten im Abteil zu setzen, ist enorm hoch.

Jetzt schwingt der Typ sich über den Tresen. Und da sehe ich auch seine Hose. Eine helle Jeans, eindeutig zu eng. An den Füßen trägt er rosa Flipflops. Mit großen Schritten läuft der Typ zu mir.

„Hast du Erfahrungen im Einzelhandel?“, will er wissen.

„Ähm, ja. Als Kundin.“

„Gut“, sagt der Typ. „Ist auch nicht schwer. Gibt nur drei Regeln.“

Ich will protestieren, aber der Typ hebt die Hand und ich halte die Klappe.

„Erste Regel“, sagt er. „Das Rückgeld wird sofort nachgezählt. Spätere Beschwerden gehen dir am Arsch vorbei. Klar?“

Ich nicke. Denn was soll ich sonst tun? Flucht ist jedenfalls keine Option. Zwar ist unsere Wohnung direkt gegenüber, aber da komme ich ja nicht rein!

„Zweite Regel: Leute in deinem Alter immer im Auge behalten. Ihr klaut wie blöd.“

Ich überlege, ob ich beleidigt sein soll. In meinem ganzen Leben habe ich noch nichts geklaut. Nicht mal ungefragt geborgt. Aber wahrscheinlich würde der Typ mir so oder so nicht glauben. Er fasst mich an den Schultern und schiebt mich hinter den Tresen. Ich entdecke die strategisch platzierten Spiegel.

„Damit hast du alles im Blick“, erklärt der Typ. „Und jetzt kommt schon die letzte Regel: Der Laden wird nicht dichtgemacht, egal, was passiert. Es ist Freitagabend! Klar?!“

„Klar“, sage ich. So viel Entschlossenheit ist ansteckend. Der Typ holt unter dem Tresen einen dunkelblauen Fahrradhelm hervor. Er setzt ihn auf, dreht mir den Rücken zu und geht etwas in die Knie.

Was jetzt? Soll ich ihm auf die Schultern klettern? Der Typ zeigt auf seinen Nacken.

„Das Licht“ murmelt der Typ. Da sehe ich es. Hinten am Helm ist ein herzförmiges Blinklicht befestigt.

Als ich mit dem Zeigefinger einmal darauf tippe, leuchtet es.

„Funktioniert“, melde ich. Ohne ein weiteres Wort richtet der Typ sich auf und geht zur Tür. Er steht schon fast auf der Straße, da dreht er sich noch mal zu mir um.

„Ich hab eine Regel vergessen“, brummt er. „Finger weg vom Radio!“ Und dann lässt er mich wirklich allein.

Quelle: Lena Hach, Grüne Gurken. Mixtvision Mediengesellschaft mbH, München 2019, S. 5, 11 – 18.

AUFGABEN zum Leseverstehen

201 Die Erzählerfigur ist weiblich. Notieren Sie aus den Zeilen 103 – 111 den entsprechenden Textbeleg. ____ / 1 P.

202 Notieren Sie einen konkreten Nachteil aus den Zeilen 1 – 9, den die Ich-Erzählerin mit dem jetzigen Wohnort verbindet. ____ / 1 P.

★ **203** Die Eltern der Ich-Erzählerin sind zu Beginn der Handlung mit neuen Kollegen unterwegs. Notieren Sie einen Textbeleg, der die Einstellung der Ich-Erzählerin zum Verhalten ihrer Eltern verdeutlicht. ____ / 1 P.

★ **204** In Zeile 16 heißt es: „Dabei ist das eigentlich unser Familiending.“ Erklären Sie, was die Ich-Erzählerin in diesem Zusammenhang mit dem „Familiending“ meint. ____ / 1 P.

Damit ist gemeint, dass

205 Die Ich-Erzählerin unterscheidet sich von ihrer Verwandtschaft. Notieren Sie, worin dieser Unterschied besteht. ____ / 1 P.

206 Kreuzen Sie an, ob die Aussagen zur Ich-Erzählerin richtig oder falsch sind. ____ / 2 P.

Die Ich-Erzählerin …	richtig	falsch
a) verbringt in diesem Sommer ihren Urlaub in der Toskana.	☐	☐
b) treibt gern Sport.	☐	☐
c) hat an einem IQ-Test teilgenommen.	☐	☐
d) spricht Esperanto.	☐	☐
e) möchte eine Ausbildung im Einzelhandel beginnen.	☐	☐

Quelle (Aufgaben): Lisum Landesinstitut für Schule und Medien Berlin-Brandenburg 2022

* **207** Notieren Sie,

a) welchem Hobby die Ich-Erzählerin nachgeht. ____ / 1 P.
b) inwiefern das ihre Form des Tagebuchschreibens ist. ____ / 1 P.
c) warum sie diese Form wählt. ____ / 1 P.

a) ______________________________

____

b) ______________________________

____

c) ______________________________

____

208 Im Text heißt es: „Mit angehaltenem Atem öffne ich die Kiosktür." (Z. 67)
Notieren Sie einen Grund dafür, dass die Ich-Erzählerin den Atem anhält. ____ / 1 P.

____

____

209 Der Verkäufer im Kiosk ist mit seinem Handy beschäftigt, als die Ich-Erzählerin die gestapelten Dosen umreißt. Notieren Sie,
a) welche Reaktion die Ich-Erzählerin erwartet. ____ / 1 P.
b) wie der Verkäufer unmittelbar darauf reagiert. ____ / 1 P.

a) ______________________________

____

____

b) ______________________________

____

____

210 Für den Verkäufer stellt das Missgeschick der Ich-Erzählerin eine unerwartete Möglichkeit dar. Notieren Sie,
a) welche Möglichkeit sich jetzt für ihn eröffnet. ____ / 1 P.
b) welche Konsequenz sich daraus für die Ich-Erzählerin ergibt. ____ / 1 P.

a) ______________________________

____

____

b) ______________________________

____

____

Quelle (Aufgaben): Lisum Landesinstitut für Schule und Medien Berlin-Brandenburg 2022

211 Der Verkäufer nennt Regeln, die in dem Kiosk unbedingt eingehalten werden müssen. Kreuzen Sie die Aspekte an, auf die sich die Regeln beziehen. ____ / 2 P.

Aspekte	**zutreffend**	**nicht zutreffend**
a) Bargeldkontrolle	☐	☐
b) Hygieneverordnung	☐	☐
c) Schließzeitenregelung	☐	☐
d) Diebstahlprävention	☐	☐

* **212** Kreuzen Sie an, ob die folgenden Aussagen zur Erzähltechnik richtig oder falsch sind. ____ / 2 P.

	richtig	**falsch**
a) Das Erzählverhalten ist auktorial.	☐	☐
b) Der Erzähler kommentiert das Geschehen.	☐	☐
c) Das Erzähltempus ist das Präteritum.	☐	☐

Aufgaben zum Leseverstehen: ____/ 19 P.

AUFGABEN zum Sprachwissen und zur Sprachbewusstheit

251 Formulieren Sie den folgenden Satz in Standardsprache. / 1 P.

Der Verkäufer hat einen an der Waffel.

____

____

* **252** Kreuzen Sie an, in welchem Modus die folgenden Sätze stehen. ____ / 2 P.

	Indikativ	**Imperativ**	**Konjunktiv I**	**Konjunktiv II**
a) In Hessen hätte ich jetzt andere Möglichkeiten.	☐	☐	☐	☐
b) Er löst den ganzen Tag mathematische Probleme.	☐	☐	☐	☐

253 Kreuzen Sie an, ob in den folgenden Sätzen jeweils Gleichzeitigkeit oder Vor- beziehungsweise Nachzeitigkeit ausgedrückt wird.

	Gleichzeitigkeit	**Vor- bzw. Nach-zeitigkeit**	
a) Er zieht die Augenbrauen zusammen und beginnt dann zu lächeln.	☐	☐	____ / 1 P.
b) Ich sehe, wie er mit großen Schritten auf mich zukommt.	☐	☐	____ / 1 P.

254 Notieren Sie das folgende Wort als Vergleich. ____ / 1 P.

herzförmig

____

____

Quelle (Aufgaben): Lisum Landesinstitut für Schule und Medien Berlin-Brandenburg 2022

★ **255** Ordnen Sie den folgenden Sätzen das jeweils entsprechende sprachliche Mittel zu.

1) Ellipse 2) Metapher 3) Vergleich 4) Anapher

	Nummer	
a) Ich könnte zu Daniel fahren. Ich könnte zu Daniel laufen.		____ / 1 P.
b) Und anders als beim Sport kann dabei nichts schiefgehen.		____ / 1 P.

256 Notieren Sie den folgenden Satz in indirekter Rede. ____ / 1 P.

„Hast du Erfahrungen im Einzelhandel?“, will er von mir wissen.

___

___

★ **257** Notieren Sie die folgende Satzreihe als kausales Satzgefüge. ____ / 1 P.

Mein Magen knurrt, ich habe wahnsinnigen Hunger.

___

___

Aufgaben zum Sprachwissen und zur Sprachbewusstheit: ____/ 10 P.

TEIL 3 Richtig schreiben

AUFGABEN zur Rechtschreibung

301 Welche Strategie wenden Sie an, um das Wort **„massentauglich“** an der markierten Stelle richtig zu schreiben? Kreuzen Sie jeweils die zutreffende Rechtschreibstrategie an.

a) ss oder s? ____ / 1 P.
ma**ss**entauglich

1. Ich verlängere das Wort. ☐
2. Ich zerlege das Wort in seine Silben. ☐
3. Ich suche ein Wort aus der Wortfamilie. ☐

b) g oder ch? ____ / 1 P.
massentaugli**ch**

1. Ich verlängere das Wort. ☐
2. Ich setze vor das Wort einen Artikel. ☐
3. Ich suche ein Wort aus der Wortfamilie. ☐

Quelle (Aufgaben): Lisum Landesinstitut für Schule und Medien Berlin-Brandenburg 2022

302 Ergänzen Sie die Tabelle, indem Sie der Schreibung des unterstrichenen Wortes die jeweilige Regel zuordnen.

Regel:
1) Nomen werden großgeschrieben.
2) Nominalisierte Verben werden großgeschrieben.
3) Eigennamen werden kleingeschrieben.
4) Verben werden kleingeschrieben.

	Nummer der Regel	
a) Das STEUERN des Trucks ist schwierig.		____ / 1 P.
b) Sie kann den Truck sicher STEUERN.		____ / 1 P.
c) Das Einkommen wird durch STEUERN gemindert.		____ / 1 P.

303 Kreuzen Sie an, ob die unterstrichenen Wörter getrennt geschrieben oder zusammengeschrieben werden.

	getrennt	**zusammen**	
a) Sie darf den Kiosk nicht zu machen / zumachen.	☐	☐	____ / 1 P.
b) Er muss seinen Schlüssel wieder holen / wiederholen.	☐	☐	____ / 1 P.
c) Es ist zu sehen / zusehen, wie sich die Trucks durch die Straßen schieben.	☐	☐	____ / 1 P.

304 Notieren Sie das Suffix, das jeweils über die Groß- oder Kleinschreibung entscheidet.

	Suffix	
Beispiel: Erlebnisse	*-nis-*	
a) Rechnungen		____ / 1 P.
b) schmutziger		____ / 1 P.

Richtig schreiben: ____/ 10 P.

Quelle (Aufgaben): Lisum Landesinstitut für Schule und Medien Berlin-Brandenburg 2022

TEIL 4 Erstellen eines Schreibplans

Soll an Ihrer Schule ein soziales Praktikum eingeführt werden?

Im Rahmen eines Projektes sollen alle Schülerinnen und Schüler des 10. Jahrgangs Ihrer Schule ein soziales Praktikum während der Schulzeit absolvieren. Das heißt, sie sollen einen Beitrag für soziale Einrichtungen wie Altenheime, Kindertagesstätten, Krankenhäuser, Obdachlosenhilfen und Ähnliches leisten. Dieses Vorhaben wird kontrovers diskutiert.

Verfassen Sie in Vorbereitung auf die Schulkonferenz eine Erörterung, in der Sie die Vor- und Nachteile eines sozialen Praktikums deutlich machen.
Lesen Sie zunächst folgende Meinungen.

Dann sieht man endlich mal, was ich sonst noch alles kann!

Das hilft mir nicht, meine Prüfungen zu bestehen!

Von allein wäre ich nie auf die Idee gekommen, anderen zu helfen!

Ich habe keine Lust, meine Zeit mit Alten und Kranken zu verbringen.

Aufgaben Erstellen eines Schreibplans

Vervollständigen Sie stichwortartig den nachfolgenden Schreibplan in Form eines Gliederungsrasters. Gehen Sie dabei wie folgt vor:

a) Entscheiden Sie, welche der beiden vorgegebenen Positionen Sie als These und Gegenthese verwenden wollen. Streichen Sie die jeweils für Ihren Schreibplan nicht zutreffende These und Gegenthese durch.
b) Leiten Sie aus den vorgegebenen Meinungsäußerungen zwei Pro- und zwei Kontra-Argumente ab.
c) Stützen Sie die Argumente mit jeweils einem Beleg oder Beispiel. Sie müssen dabei auch auf Ihr Alltagswissen und eigene Erfahrungen zurückgreifen.
* d) Formulieren Sie noch ein weiteres Pro- und Kontra-Argument und stützen Sie jedes mit einem eigenen Beleg oder Beispiel.
e) Ergänzen Sie Ihre Überlegungen für Einleitung und Schluss des Beitrags, wobei der Schluss Ihre Meinung widerspiegeln soll.
* f) Ziehen Sie ein Fazit und formulieren Sie dementsprechend eine Empfehlung für die Schulkonferenz.

Quelle (Aufgaben): Lisum Landesinstitut für Schule und Medien Berlin-Brandenburg 2022

Gliederungsraster:

	1. Einleitung		
401	Schreibanlass		____ / 1 P.
402	Hinführung zum Thema		____ / 1 P.
	2. Hauptteil		
	These **oder** Gegenthese	Alle Schülerinnen und Schüler sollen ein soziales Praktikum absolvieren. **oder** Ein soziales Praktikum soll niemandem aufgezwungen werden.	
403	1. Argument	•	____ / 1 P.
404	Beleg / Beispiel	•	____ / 1 P.
405	2. Argument	•	____ / 1 P.
406	Beleg / Beispiel	•	____ / 1 P.
* 407	3. Argument	•	____ / 1 P.
* 408	Beleg / Beispiel	•	____ / 1 P.
	These **oder** Gegenthese	Alle Schülerinnen und Schüler sollen ein soziales Praktikum absolvieren. **oder** Ein soziales Praktikum soll niemandem aufgezwungen werden.	
409	1. Argument	•	____ / 1 P.
410	Beleg / Beispiel	•	____ / 1 P.

Quelle (Aufgaben): Lisum Landesinstitut für Schule und Medien Berlin-Brandenburg 2022

Nr.			Punkte
411	2. Argument	•	____ / 1 P.
412	Beleg / Beispiel	•	____ / 1 P.
★ 413	3. Argument	•	____ / 1 P.
★ 414	Beleg / Beispiel	•	____ / 1 P.
	3. Schluss		
★ 415	Fazit		____ / 1 P.
416	persönliche Meinung		____ / 1 P.
★ 417	Empfehlung		____ / 1 P.

Erstellen eines Schreibplans: ____/ 17 P.

Quelle (Aufgaben): Lisum Landesinstitut für Schule und Medien Berlin-Brandenburg 2022

TEIL 5 Umsetzung des Schreibplans: Verfassen einer Erörterung

Verfassen Sie die Erörterung auf der Grundlage Ihres Schreibplans. Verwenden Sie zum Schreiben gesonderte Blätter.

Soll an Ihrer Schule ein soziales Praktikum eingeführt werden?

…

		*Additum	Fundamentum	Erreichte Punktzahl
501	Einhalten der Gliederung	1	1	____ / 2 P.
502	Schreibfunktion	3	2	____ / 5 P.
503	Sprachliche Darstellungsleistung	2	2	____ / 4 P.
504	Sprachliche Korrektheit (Grammatik)		2	____ / 2 P.
505	Sprachliche Korrektheit (Rechtschreibung)		2	____ / 2 P.
506	Sprachliche Korrektheit (Zeichensetzung)		2	____ / 2 P.
507	Lesefreundliche Form (Übersichtlichkeit / Schriftbild)		1	____ / 1 P.

Verfassen einer Erörterung: ____/ 18 P.

Quelle (Aufgaben): Lisum Landesinstitut für Schule und Medien Berlin-Brandenburg 2022

CHECKLISTE zur Textüberarbeitung

Satzbau	erfüllt	nicht erfüllt
✓ Hast du Satzzusammenhänge verdeutlicht, indem du Satzverknüpfungswörter benutzt hast?	☐	☐
✓ Sind deine Sätze vollständig?	☐	☐
✓ Hast du komplizierte Sätze vermieden und deine Sätze klar und einfach aufgebaut?	☐	☐
✓ Passen deine Gedanken und die Sätze zusammen? Sprichst du einen Gedanken pro Satz aus?	☐	☐
✓ Hast du die Hauptsätze richtig gebildet? Steht das Verb an der passenden Satzgliedstelle?	☐	☐
✓ Hast du die Nebensätze richtig gebildet? Steht das Verb an der passenden Satzgliedstelle?	☐	☐
Grammatik		
✓ Hast du die richtigen Zeitformen verwendet?	☐	☐
✓ Hast du überall das korrekte Genus verwendet? Achte auf die Artikel.	☐	☐
✓ Hast du überall den korrekten Kasus verwendet? Achte auf die Artikel und die Wortendungen.	☐	☐
✓ Hast du die richtigen Verbformen verwendet?	☐	☐
✓ Hast du die Präpositionen richtig verwendet?	☐	☐
Rechtschreibung und Zeichensetzung		
✓ Hast du Zweifelsfälle im Wörterbuch nachgeschlagen?	☐	☐
✓ Hast du die Schreibung von das und dass kontrolliert?	☐	☐
✓ Hast du die Regeln der Groß- und Kleinschreibung beachtet?	☐	☐
✓ Hast du die Regeln der Getrennt- und Zusammenschreibung beachtet?	☐	☐
✓ Hast du die Kürzungen und Dehnungen der Vokale richtig geschrieben?	☐	☐
✓ Hast du auf die richtige Schreibung der Fremdwörter geachtet?	☐	☐
✓ Hast du deine Sätze mit einem Satzzeichen beendet?	☐	☐
✓ Hast du die Regeln der Zeichensetzung beachtet?	☐	☐
✓ Hast du Wörter am Zeilenende richtig getrennt?	☐	☐
Schriftbild		
✓ Hast du einen lesbaren Text geschrieben?	☐	☐
✓ Hast du den Schreibraum effektiv genutzt? Hast du bis zum Rand und nicht über den Rand hinaus geschrieben?	☐	☐
✓ Hast du deine Korrekturen vollständig und lesbar durchgeführt?	☐	☐
Zeit		
✓ Hast du die Aufgabe in der vorgegebenen Zeit gelöst?	☐	☐

Glossar

Adjektiv: Wortart. Als Adjektive bezeichnet man Eigenschaftswörter. Sie stellen Merkmale eines Nomens heraus und werden dekliniert: *Auf dem kleinen Dorfplatz wuchs eine schöne Linde*. Die meisten Adjektive lassen sich steigern: *langsam – langsamer – am langsamsten*; *gut – besser – am besten*.

Adverb: Wortart. Adverbien beschreiben die Umstände eines Geschehens genauer. Mit ihnen wird ausgedrückt, wann, wo, warum und auf welche Art und Weise etwas geschieht. Adverbien können sich auf Wörter, verschiedene Satzteile oder Sätze beziehen: *der Tag morgen; der Sprinter stürzte unglücklich*.

Adverbiale Bestimmung: Satzglied. Adverbiale Bestimmungen **der Zeit und des Ortes** liefern genauere Angaben über die Zeit und den Ort eines Geschehens: *Wir gehen heute zum Brandenburger Tor*. Du fragst nach den adverbialen Bestimmungen der Zeit mit „Wann?", „Seit wann?" oder „Wie lange?". Nach den adverbialen Bestimmungen des Ortes fragst du mit „Wo?", „Woher?" oder „Wohin?". Adverbiale Bestimmungen **des Grundes** machen nähere Angaben über die Ursache des Geschehens: *Wegen eines Feuers fiel heute die Schule aus*. Du fragst nach den adverbialen Bestimmungen des Grundes mit „Warum?" oder „Weshalb?". Adverbiale Bestimmungen **der Art und Weise** machen nähere Angaben darüber, wie etwas ist oder wie etwas passiert: *Das Brandenburger Tor ist interessant*. Nach diesen adverbialen Bestimmungen fragt man mit „Wie?".

Adverbialsätze: Adverbialsätze sind Nebensätze, die die Umstände eines Geschehens näher bestimmen. Sie werden wie adverbiale Bestimmungen gebraucht.
Temporalsätze geben Antwort auf die Fragen: Wann? Seit wann? Bis wann? *Nachdem Victor gelernt hatte, bestand er die Prüfung.*
Kausalsätze nennen einen Grund (Warum?): *Weil die Aufgaben so schwer waren, lernte Victor noch mehr.*
Finalsätze geben einen Zweck an (Wozu? Wofür?): *Damit er die Prüfung besteht, lernt Victor viel.*
Konditionalsätze erläutern, unter welcher Bedingung etwas erfolgt: *Falls Victor die Prüfung nicht besteht, kann er sie erst nächstes Jahr wiederholen.*
Konsekutivsätze geben an, mit welcher Folge/Wirkung etwas geschieht: *Victor geht rechtzeitig los, sodass er die Straßenbahn nicht verpasst.*
Konzessivsätze drücken eine Einräumung, einen Einwand aus: *Obwohl Victor rechtzeitig losgegangen ist, hat er die Straßenbahn verpasst.*
Lokalsätze dienen zur Angabe eines Ortes oder einer Richtung: *Ich gehe dorthin, wo Victor ist.*

Akkusativ: 4. Fall des Nomens. Du ermittelst ihn mit der Frage „Wen oder was?": *den Baum*.

Akkusativobjekt: Satzglied. Man ermittelt es mit der Frage „Wen oder was?". *Victor gibt Michael ein Buch. Was gibt Victor Michael?*

Aktiv: Verbform. Ein Satz, der im Aktiv formuliert ist, betont, wer etwas tut. Der Handelnde steht im Vordergrund und ist das Subjekt des Satzes: *Victor schreibt einen Brief*. Das Gegenteil ist das → Passiv.

Anredepronomen: Wortart. Anredepronomen sind Personalpronomen, mit denen man jemanden anspricht. Erwachsene siezt man in der Regel. Die Anredepronomen und die zugehörigen Possessivpronomen werden dann großgeschrieben: *Sie, Ihr, Ihnen, Ihre, Ihren, Ihrem*. Wenn man jemanden duzt, kann man frei wählen, ob man die Anredepronomen und die zugehörigen Possessivpronomen klein- oder großschreibt: *du/Du, dein/Dein, euch/Euch, ihr/Ihr*.

Apostroph: Der Apostroph ist ein Auslassungszeichen und gibt an, dass ein oder mehrere Buchstaben weggelassen wurden: *Wie läuft's?* Häufig signalisiert der Apostroph auch den Wegfall des zweiten **s** einer Genitivendung: *Hans' Rad, Jens' Auto*. Apostrophe werden oft falsch verwendet, zum Beispiel beim Genitiv oder bei Befehlsformen: ~~*Gitte's Grill*~~ statt *Gittes Grill* und ~~*Lass' mich*~~ statt *Lass mich*.

Apposition: Eine Apposition ist eine Einfügung. Sie wird vom übrigen Teil des Satzes durch Kommas abgetrennt: *Jakob, der neue Freund von Sophie, kommt wohl auch.*

Artikel: Wortart. Der Artikel begleitet Nomen. Es wird unterschieden zwischen bestimmten (*der, die, das*) und unbestimmten Artikeln (*ein, eine*). Der Artikel gibt das grammatische Geschlecht des Nomens an.

Dativ: 3. Fall des Nomens. Man ermittelt ihn mit der Frage „Wem?": *dem Baum*.

Dativobjekt: Satzglied. Man ermittelt es mit der Frage „Wem?" *Victor hilft Michaels Vater. Wem hilft Victor?*

Deklination: Die Beugung der Nomen nennt man Deklination. Die Endung des Nomens verändert sich je nach Kasus (Fall), Genus (Geschlecht) und Numerus (Singular oder Plural). Auch Artikel, Adjektive und Pronomen werden dekliniert.

Demonstrativpronomen: Wortart. Demonstrativpronomen (*der/die/das, dieser/ diese/dieses, jener/jene/jenes*) weisen auf etwas hin oder heben etwas hervor. Sie können sich auf ein Wort, eine Wortgruppe oder einen ganzen Satz beziehen.

Drama: *Drama* ist der Fachbegriff für ein Theaterstück. Theaterstücke werden auf einer Bühne aufgeführt und enthalten Dialoge (Gespräche zwischen Personen), Monologe (Selbstgespräche) und Aktionen.

Epik: Als Epik bezeichnet man die erzählende (epische) Literatur (Romane, Kurzgeschichten, Märchen, Fabeln, Kalendergeschichten ...). Die Epik gehört zu den drei großen Gattungen der Literatur (Drama, Epik, Lyrik).

Erzählperspektive: Ein Autor kann in unterschiedlicher Weise erzählen. Man unterscheidet zwischen:
Ich-Erzählung: Das Geschehen, aber auch Gedanken und Gefühle werden aus der Sicht einer bestimmten Figur in der 1. Person erzählt: *Meine Eltern schlafen sicher schon. Mir aber dreht sich der Kopf, und ich komme nicht zur Ruhe. Was soll ich tun? Könnte ich doch nur die Zeit zurückdrehen!*
Er-/Sie-Erzählung: Der Erzähler stellt seine Personen in der dritten Person vor. Er kann dabei als auktorialer Erzähler (auktoriales Erzählen/auktoriale Erzählsituation) auftreten. Der Autor ist der Allwissende, der das Geschehen von außen erzählt und mehr weiß als die Figuren des Geschehens und daher auf Ereignisse vorausschauen oder auf sie zurückblicken und sie kommentieren kann. *Jan vermutete, dass seine Eltern schon schliefen. Ihm drehte sich aber der Kopf, und er kam nicht zur Ruhe. Er fragte sich, was er tun sollte, und wünschte sich, dass er die Zeit zurückdrehen könnte. Ein bisschen tat er sich auch selber leid. Seine Eltern schliefen jedoch keineswegs, sondern fassten einen Entschluss.*
Der Erzähler kann aber auch in der 3. Person erzählen und die Geschichte trotzdem aus der persönlichen Sicht einer Person schildern und kommentieren. Man spricht dann von einem **personalen Erzähler** (personales Erzählen/personale Erzählsituation):
Seine Eltern schliefen sicher schon. Ihm drehte sich aber der Kopf, und er kam nicht zur Ruhe. Was sollte er nur tun? Könnte er doch die Zeit zurückdrehen!

Erzählung: In der Literatur versteht man unter einer Erzählung alle kurzen erzählenden Texte, die nicht eindeutig einer anderen Kurzform wie Fabel, Märchen oder Sage zugeordnet werden können.

Femininum: weibliches grammatisches Geschlecht des Nomens: *die Rede, eine Pflanze, die Seefahrt.*

Futur I und Futur II: Tempusformen des Verbs, mit denen etwas Zukünftiges ausgedrückt wird. Das Futur I wird gebildet aus einer Personalform des Hilfsverbs *werden* und einem Infinitiv: *Wir werden lachen.* Das Futur II wird gebildet aus einer Personalform des Hilfsverbs *werden*, einer Partizip-Perfekt-Form und dem Infinitiv des Hilfsverbs haben: *Bald wirst du viel gelacht haben.*

Genitiv: 2. Fall des Nomens. Man ermittelt ihn mit der Frage „Wessen?“: *des Baumes.*

Genitivobjekt: Satzglied. Man ermittelt es mit der Frage „Wessen?“ *Victor enthält sich seiner Stimme. Wessen enthält sich Victor?*

Genus (Geschlecht): Das grammatische Geschlecht wird im Deutschen durch den Artikel angegeben. Man unterscheidet zwischen → Maskulinum (*der Mann*), → Femininum (*die Frau*) und → Neutrum (*das Kind*).

Hilfsverben: Die Verben, die zur Bildung zusammengesetzter Verbformen gebraucht werden, nennt man Hilfsverben. Folgende Hilfsverben gibt es: *haben, sein, werden.*

Imperativ: Die Befehlsform des Verbs nennt man Imperativ. Der Imperativ wird gebraucht, wenn jemand zu einer Handlung aufgefordert werden soll. *Bring mir das Heft!*

Indefinitpronomen: Wortart. Indefinitpronomen (unbestimmte Fürwörter wie *irgendein, alle, man, jemand* …) werden benutzt, um etwas zu verallgemeinern oder um über etwas Unkonkretes oder Unbekanntes zu sprechen: *Alle haben heute Morgen verschlafen.*

Indikativ: Der Indikativ ist das Gegenteil vom → Konjunktiv. Er wird zur Darstellung der Wirklichkeit und von Tatsachen genutzt: *Er schläft tief und fest.*

Indirekte Rede: Die indirekte Rede gibt einen Redeinhalt wahrheitsgemäß, aber nicht wortwörtlich wieder. Sie kann auch zum Ausdruck bringen, dass man sich von dem Gesagten distanzieren will. Die indirekte Rede wird mit dem Konjunktiv I gebildet: *Michaela sagt, sie freue sich auf die Abschlussprüfung.*

Infinitiv: Als Infinitiv wird die unkonjugierte Grundform des Verbs bezeichnet, die im Wörterbuch steht. Der Infinitiv eines Verbs endet auf *-en* oder *-n: lachen, handeln.*

Interrogativpronomen: Wortart. Interrogativpronomen (Fragefürwörter wie wer, wessen, wann …) leiten einen Fragesatz ein: *Wohin geht die Reise?*

Kasus (Fall): Die vier Kasus (Fälle) im Deutschen heißen → Nominativ, → Genitiv, → Dativ und → Akkusativ.

Kompositum, Pl. Komposita. Ein Kompositum ist ein zusammengesetztes Wort (Wortzusammensetzung). Aus zwei Wörtern entsteht ein neues Wort mit einer eigenen Bedeutung. Spiel + Ball werden zu Spielball oder Ballspiel.

Konjugation: Beugung des Verbs. In Sätzen wird das Verb an andere Satzteile angepasst, z. B. an den → Numerus des Nomens: *Der Sportler schwimmt. Die Sportler schwimmen.* Die konjugierte Form nennt man auch Personalform des Verbs.

Konjunktion: Wortart. Konjunktionen verbinden Wörter, Wortgruppen oder Sätze. *Tom und Anja gehen ins Schwimmbad, weil sie ein Schwimmabzeichen machen wollen. Sie gehen dahin, obwohl sie Angst vor dem Wasser haben.*

Konjunktiv: Es gibt den Konjunktiv I und den Konjunktiv II. Den Konjunktiv I verwendet man in der → indirekten Rede. Der Konjunktiv II wird verwendet, um Unwahrscheinliches, Unmögliches oder Wünsche auszudrücken: *Könnte ich doch Auto fahren!*

Lyrik: Lyrik ist Dichtung in Versform (Gedichte). Als Vers bezeichnet man die einzelne Zeile eines Gedichts. Gedichte erkannt man meist an ihrem Flatterrand (dem vorzeitigen Abbrechen der Zeilen). Oft sind Gedichte auch gereimt und in Strophen unterteilt.

Maskulinum: männliches grammatisches Geschlecht des Nomens: *der Hahn, ein Morgen, der Handstand*

Modalverben: Mithilfe von Modalverben kann man eine Aussage verändern. Die Modalverben *dürfen, können, mögen, müssen, sollen, wollen* drücken Erlaubnis, Fähigkeit, Möglichkeit, Notwendigkeit, Zweifel, Willen aus.

Modus: Der Modus (Art und Weise, Pl. Modi) eines Verbs gibt an, ob der Sprecher ein Geschehen als wirklich, möglich oder unmöglich kennzeichnen möchte. Zu den Modi gehören → Indikativ, → Imperativ, → Konjunktiv.

Neutrum: sächliches grammatisches Geschlecht des Nomens: *das Haus, ein Pferd, das Ende.*

Nomen: Wortart. Nomen bezeichnen Lebewesen, Gegenstände (Konkreta), Erdachtes und Gefühle (Abstrakta). Sie kommen im Singular und im Plural vor und können von Artikeln (*der Baum*), von Adjektiven (*der große Baum*) oder Pronomen (*mein Baum*) begleitet werden. Jedes Nomen hat ein grammatisches Geschlecht (→ Genus). Nomen werden großgeschrieben und im Satz dekliniert.

Nominativ: 1. Fall des Nomens. Man ermittelt ihn mit der Frage „Wer oder was?“: *der Schüler, die Mutter*

Numerus (Zahl): Der Numerus bezeichnet die Eigenschaft des Nomens, im Singular (Einzahl) oder im Plural (Mehrzahl) aufzutreten: *der Fisch, die Fische.*

Objekt: Objekte ergänzen die Satzaussage. Ohne sie ist ein Satz oft unvollständig und unverständlich. Objekte können aus mehreren Wörtern bestehen. Es gibt → Akkusativ-, → Dativ-, → Genitiv- und → Präpositionalobjekte.

Partizip Präsens und Partizip Perfekt (Partizip I und II): Das Partizip Präsens (Partizip I) wird gebildet, indem man an den Infinitiv ein -d anhängt. Es kann wie ein Adjektiv oder ein Nomen verwendet werden: *der lachende Vater, der Essende schmatzt.* Das Partizip Perfekt (Partizip II) wird zur Bildung der zusammengesetzten Zeiten → Perfekt und → Plusquamperfekt gebraucht: *ich bin eingeschlafen, er hatte geschnarcht.*

Passiv: Wenn ein Satz im Passiv steht, dann wird der Blick auf die Person oder den Gegenstand gelenkt, mit der/dem etwas geschieht. Die Person oder der Gegenstand ist Subjekt des Satzes: *Ein Brief wird geschrieben.* Das Passiv wird aus dem Hilfsverb *werden* und dem Partizip Perfekt gebildet.

Perfekt: Zeitform des Verbs. Das Perfekt wird häufig gebraucht, wenn man mündlich über Vergangenes berichtet oder erzählt. Das Perfekt ist eine zusammengesetzte Zeitform: *lachen – ich habe gelacht, gehen – ich bin gegangen.*

Personalform: Verbform, die in Person und → Numerus bestimmt ist: *er weint, wir rufen, ihr schlaft.*

Personalpronomen: Wortart. Persönliches Fürwort (*ich, du, er/sie/es* ...).

Plusquamperfekt: Zeitform des Verbs. Das Plusquamperfekt (Vorvergangenheit) braucht man, wenn man im Präteritum erzählt und ausdrücken möchte, dass ein Ereignis noch weiter zurückliegt: *Victor hatte das Buch gelesen, bevor Michael es verlieh.*

Possessivpronomen: Das Possessivpronomen nennt man auch besitzanzeigendes Fürwort: *mein Vater, deine Schultasche.*

Prädikat: Satzglied. Das Prädikat nennt man auch Satzaussage. Es ist der Kern eines Satzes und wird immer durch ein Verb gebildet. Das Prädikat kann ein- oder mehrteilig sein: *Ich gehe zur Schule. Anika bereitet sich auf ihre Prüfung vor (vorbereiten).* Das Prädikat erfragt man mit „Was tut ...?“ oder „Was geschieht?“

Präposition: Wortart. Präpositionen nennt man auch Verhältniswörter. Sie geben Verhältnisse oder Beziehungen an, die Nomen untereinander oder zu anderen Wortarten haben. Die meisten Präpositionen lassen sich nach ihrer Aufgabe sortieren: lokal (Wo? *Auf, unter, neben* ...), temporal (Wann? *Nach, bis, vor* ...), kausal (Warum? *Wegen, aufgrund, aus* ...), modal (Womit? Wie? *Mit, durch, aus* ...).

Präpositionalobjekt: Satzglied. Objekt, dessen Fall von einer Präposition bestimmt wird: *Victor denkt an das verliehene Buch. An was denkt Victor?*

Präsens: Zeitform des Verbs. Das Präsens drückt Handlungen aus, die gerade jetzt stattfinden (*ich lese*), sich regelmäßig wiederholen (*ich lese jeden Tag*) oder allgemein zutreffen (*Menschen lernen ein Leben lang*). Das Präsens kann auch Zukünftiges ausdrücken: *Ich gebe morgen mein ausgeliehenes Buch zurück.*

Präteritum: Zeitform des Verbs. Das Präteritum wird gebraucht, wenn man schriftlich über Vergangenes berichten oder erzählen will. Man nennt es auch einfache Vergangenheitsform, weil es (anders als das Perfekt) mit nur einem Verb gebildet wird: *lesen – ich las.*

Pronomen: Wortart. Pronomen sind Wörter, die für ein Nomen stehen. Es gibt → Personalpronomen, → Possessivpronomen, → Demonstrativpronomen, → Indefinitpronomen, → Interrogativpronomen, → Reflexivpronomen und → Relativpronomen.

Reflexivpronomen: Wortart. Das Reflexivpronomen (rückbezügliches Fürwort) bezieht sich auf das Subjekt des Satzes zurück: *Niklas wäscht sich die Hände.*

Relativpronomen: Wortart. Das Relativpronomen der/die/das steht am Anfang eines → Relativsatzes. Es bezieht sich auf ein vorausgehendes Nomen: *Der Ball, der auf das Tor geschossen wurde, wurde gehalten.*

Relativsatz: Nebensatz, der mit einem → Relativpronomen eingeleitet wird: *Der Pullover, den ich mir gestern gekauft habe, ist mir zu groß.*

Sachtext: Ein Sachtext informiert über Tatsachen, Vorgänge und Sachverhalte, z.B. über Tiere, Pflanzen, bedeutsame Ereignisse. Sachtexte findet man in Zeitungen, Zeitschriften, Sach- oder Schulbüchern. Sie sind meist in sachlicher Sprache geschrieben und werden durch Tabellen oder Abbildungen ergänzt.

Satzgefüge (Hypotaxe): Darunter versteht man den Verbund von Haupt- und Nebensätzen: *Als er die Tür öffnete* (Nebensatz), *blies ihm ein kalter Wind entgegen* (Hauptsatz), *der schon vor geraumer Zeit eingesetzt hatte und sich nun zu einem Sturm entwickelte* (Nebensatz).

Satzreihe (Parataxe): Es werden nur Hauptsätze aneinandergereiht: *Jan schwieg. Sein Puls raste. Blut schoss ihm in den Kopf. Dann sprang er auf.*

Subjekt: Satzglied. Das Subjekt nennt man auch Satzgegenstand. Du kannst es mit „Wer oder was?“ erfragen: *Victor und Michael warten am Eingang. Wer wartet am Eingang?*

Tempus: Das Tempus (Pl. Tempora) ist der Oberbegriff für alle Zeitformen, die das Verb bilden kann: → Präsens, → Präteritum, → Perfekt, → Plusquamperfekt, → Futur I und Futur II.

Verb: Wortart. Verben bezeichnen Tätigkeiten (*schreiben*), Zustände (*sein, ruhen*) oder Vorgänge (*wachsen*). Im Wörterbuch steht das Verb im Infinitiv (Grundform). Im Satz bildet es das → Prädikat. Verben werden konjugiert (→ Konjugation).

Wortfamilie: Wörter, die einen gemeinsamen Wortstamm haben, gehören zu einer Wortfamilie (*Fahrt, Gefahr, Gefährte* ...).

Wortstamm: Der Wortstamm ist der bedeutendste Baustein der Wörter. Durch Anhängen von Präfixen (Vorsilben) und Suffixen (Nachsilben) können neue Wörter gebildet werden: *ge-fähr-lich*. Wörter mit dem gleichen Wortstamm bilden eine → Wortfamilie.

Sprachliches Mittel	Erläuterung	Beispiel	mögliche Wirkung
Alliteration, die	Wiederholung von Anfangslauten bei aufeinderfolgenden Wörtern	Milch macht müde Männer munter.	eingängig; emotionale Verstärkung
Anapher, die	Wiederholung derselben Wörter an Satz-/Versanfängen	Worte sind verletzend. Worte sind unersetzlich.	Eindringlichkeit; Rhythmisierung
Ellipse, die	unvollständiger Satz, der aber sinngemäß leicht zu ergänzen ist	Feuer! Je früher, desto besser.	der wichtigste Aspekt soll hervorgehoben werden
Euphemismus, der	Beschönigung	*vollschlank* statt *dick*; *eingeschlafen* statt *gestorben*	Negativbotschaft wird abgemildert
Hyperbel, die	starke Unter- oder Übertreibung	Ich sterbe vor Hunger! ein Meer von Tränen	Dramatisierung; starke Veranschaulichung
Ironie, die	Äußerung, die durchblicken lässt, dass das Gegenteil gemeint ist	Das hast du ja ganz toll hinbekommen!	Herabsetzung; kritische Stellungnahme
Klimax, die	Steigerung; meist dreigliedrig	Er kam, sah und siegte.	Dramatisierung
Metapher, die	verkürzter Vergleich, Verwendung eines Wortes in übertragener Bedeutung	Geldwäsche, Glühbirne, Wasserhahn	Veranschaulichung
Neologismus, der	Wortneuschöpfung	Gammelfleisch; klimaneutral; Flexitarier	Hervorhebung; Kategorisierung; Bewertung
Paradoxon, das	scheinbar widersprüchliche Aussage	Vor lauter Individualismus tragen sie eine Uniform.	starker Anreiz zum Nachdenken
Parallelismus, der	Wiederholung gleicher Satzstrukturen	Ein Blitz leuchtete, der Donner folgte, ein Gewitter setzte ein.	Dramatisierung, Intensivierung
Personifikation, die	Vermenschlichung; Gegenstände oder Tiere erhalten die Eigenschaften oder Fähigkeiten von Menschen	Die Sonne lacht. Die Smileys haben uns fest im Griff. Mutter Natur	lebendige und anschauliche Darstellung
rhetorische Frage, die	scheinbare Frage, deren Antwort jeder kennt; die Zustimmung der Leser und Zuhörer wird vorausgesetzt	Gibt es den idealen Menschen? Wer ist schon perfekt? Wer glaubt denn das noch?	Hervorrufen einer bestätigenden Reaktion des Lesers / Zuhörers
Vergleich, der	Verknüpfung zweier Wörter mit *wie*	Der Kämpfer ist stark wie ein Löwe.	anschauliche Darstellung